首里城と沖縄戦

最後の日本軍地下司令部

iroshi

a pilot of wisdom

昭和の大改修後の首里城正殿。　出典／『写真集　首里城』那覇出版社、1987年

15年2月28日に空撮されたありし日の首里城（拡大）。　マッカ　記念館

第2章　米軍の第32軍地下司令部壕作戦

第4章　日本軍にとっての地下司令部壕――131

＊文献の引用に際し、読みやすさを考慮して、日本語資料・英語資料ともに本来の意味を損なわない範囲内で現代風に改めたり、要約・抜粋を行なったりした。なお、欧文文献の引用は、とくに断らないかぎり著者による翻訳である。

プロローグ　首里城と沖縄戦

軍都となった首里

首里城が米軍の目に留まったのは、１９４４（昭和19）年10月10日の沖縄大空襲の日だった。それまでも米軍は、高度1万メートルから空中写真撮影を行ない日本軍の軍備状況を偵察していたが、雲により撮影が難航した。米軍偵察行動は、主に戦備の情報収集であったが、この日の大空襲は、偵察をかねた民間人居住地区への無差別爆撃であった。南西諸島一帯の大空襲は、それまでの日本軍の作戦計画に一大転機をもたらす引き金となった。

この日、米軍情報部隊は、空襲の合間をぬって沖縄全域にわたる空撮を行なった。その後米軍は、空中写真を詳細に分析し全島の軍事施設の割り出しを行なった。分析の結果、首里は重要な軍事施設が多数ある軍事要塞地であることが判明した。そこで首里地区は、一躍米軍の「攻撃目標地点　首里　第17」に組み込まれ、古都首里は軍事要塞地としてあつかいが変わることになった。

「沖縄10・10大空襲」後、第9師団が沖縄から転出することになり、第32軍司令部はそれまでの海岸部で敵を攻撃する「水際作戦」を変更し、敵を上陸させ一日でも長く戦う「戦略持久作戦＝地上戦」に大転換した。その後軍は、地形を利用した陣地の構築に全力を挙げ、最も大きな築城が、首里城地下深く掘削して作られた第32軍地下司令部壕《ごう》であった。1944年12月から司令部壕構築が始まり、古式ゆかしい首里のたたずまいはみるみるうちに変化を遂げ、大勢の軍人が行きかう軍都に様変わりした。

ところで戦前の首里は森の都といわれ、亜熱帯植物が街並みを覆い、野鳥がさえずるのどかな旧都であった。1940年1月、三度目の沖縄を訪問した美術評論家の柳宗悦《やなぎむねよし》は、暗い世相の中で異彩を放つ沖縄文化に触れ、こう述べている。

「屋根、その赤瓦と漆喰《しっくい》の白、（中略）遠くに開ける広々とした海原、その碧緑《へきりょく》の色（中略）。たとい衰えたりとはいえども、首里はまたとない首里である。（中略）首里ほど人文と自然とによき調和を示し、独自の風格に統一された都市がどこにあろうか」*1

首里の高台から眼下の首里や那覇の街を見下ろすと、空の青、家並みの赤や白、さらに青緑色の海原が見事に連なっていた。とくにサンゴ礁に囲まれた沖縄の海は、いつも変わらず青みがかった緑色をしている。これら街並みや景観が、標高158メートルの小高い丘の上に立つ首里城と、総延長1キロに及ぶ石積みの外壁から眺められた。このときさらに柳は、詩人は首里に立ち美観を歌え、画家は力強く筆をとり、壮大な眺めを描けと叫んでいる。

しかし、戦争は首里を大きく変えた。

沖縄戦と洞窟陣地とは切っても切り離せない関係にある。洞窟陣地とは、敵の空襲や艦砲射撃を避けるため、地下に掘られた壕のことである。戦場の日本軍陣地は、坑道と呼ばれるトンネルで結ばれ、精巧なアリの巣穴のように造作された。

米軍の沖縄上陸は1945年2月から3月にかけてで間違いないと判断した第32軍司令部は、米軍の大型爆弾にも耐えられる司令部壕構築を計画し、琉球《りゆうきゆう》王国時代に築かれた首里城の地下に白羽の矢を立てた。軍事的地政学から首里城地下は司令部に最適だとされ、かくして1945年3月末、約4カ月間の突貫工事でトンネル工事はほぼ完了した。地下30メートル、長さは直線にして約400メートル、総延長は1キロ、司令部中枢機能は首里城本殿近くに置かれた。さらに堅固な壕の内外には、千人規模の通信隊員が配置され、無線や電話、伝令で司令部壕を支えた。

沖縄戦を指揮する長勇《ちょういさむ》参謀長は、ここを「天の巌戸《あまのいわと》戦闘司令所」と命名している。おそらく長参謀長は、『日本書紀』に出てくる洞窟神話と地下司令部壕とを結びつけ、この壕が神宿る神々しい陣地でもあるかのように命名したのだろう。

一方、首里攻略に当たった米第10軍司令官バックナー中将は、その複雑で堅固な構造を評してここを「迷宮(labyrinth)」と呼んだ。

1945年4月1日、沖縄本島で捕虜第1号となった朝鮮半島出身者で東京帝国大学卒の戦場離脱者は、日本軍司令部が首里城地下にあることを暴露した。4月18日、米海兵隊航空隊の「ガラガラ蛇」軍団が、焼夷弾《しょういだん》・ロケット弾で首里城を攻めたが、目標とした城の炎上・崩落には至らなかった。その後、砲爆撃が繰り返され、4月29日の天長節までに首里城の建築物はついに焼失した。

しかし、地下司令部壕だけはいまだ健在だった。

5月12日の米軍の参謀会議の席上、日本軍は沖縄のどこで戦闘を終えるつもりなのかが話し合われた。一人の参謀は、日本軍の南部撤退の可能性を述べたが、バックナー中将は、日本軍は今も地下要塞にしがみついており、ここで最後を迎えるだろうと述べた。

米軍が攻めあぐねた第32軍司令部壕

5月半ばから米軍は、第32軍司令部壕の占拠を目指し、首里を包囲する作戦に出た。しかし米陸軍2個師団は、豪雨と日本軍の攻撃により首里の手前数キロで立ち往生し、作戦は行き詰まってしまった。第1海兵師団も、首里に至る高地や丘陵斜面で日本軍と接近戦を展開するも、攻撃が停止してしまった。

第10軍の苦戦を聞いたフィリピンにいるマッカーサー将軍は、5月20日、沖縄に作戦参謀を送り、特別メッセージをバックナー中将に伝えさせた。そこでは、「頑張ろう！　戦況がいかに困難であろうとも弱音をはくな」[*2]と激励した。

豪雨と泥濘《でいねい》で苦しめられた米軍は、日本軍との近接戦闘でも苦戦を強いられていた。やがて米兵の多くに、首里は占領できるのだろうかと不信感も芽生えてきたさ中、突如として第32軍司令部が南部に撤退したとの情報が伝わった。日本軍は、豪雨をつき5月25日から27日にかけて首里から撤退を開始した。第1海兵師団が首里高地に突入したのは、5月29日の早朝であった。しかし一部の日本軍が首里に留《とど》まっており、すぐには占拠できなかった。バックナー中将は、米軍の首里城到着は2日遅かったと悔しさを隠しきれなかった。

地下司令部壕の破壊作戦

5月25日から27日にかけて米軍は、第32軍地下司令部壕を押しつぶそうと戦艦ミシシッピを繰り出し首里城跡《じょうさい》の破壊作戦を行なった。戦艦から305ミリ超大型砲弾が発射され、城壁部分は完壁に破壊された。首里城は土台から消えてなくなったが、首里撤退までの約2カ月間、地下司令部壕には、1000人以上の将兵が立てこもり、米軍に対し憎悪をつのらせていた。艦砲射撃の砲弾は、地鳴りを響かせ、トンネルの壁は崩れ、大地震のように内部は揺れ、濁流が流れ込んだ。第32軍航空参謀の神直道《じんなおみち》中佐は、大本営への連絡要員として5月30日ごろに沖縄を脱出したが、地下司令部壕内は人々の肌と肌とが触れ合い、熱気や吐息で近くすらかすんで見えなかったという。それでも将兵らは、壕内にへばりつき、艦砲射撃や空爆に耐えた。

これに対し、なおも抵抗を続ける日本軍に業を煮やしたブルース将軍は、5月28日の参謀会議で、抵抗の拠点となっている地下壕を焼き払うためにガソリン投入による地下司令部壕の完全消滅作戦を提案している。この残虐極まる焼却作戦は、硫黄島《いおうとう》で実践済みであった。ガソリン投入作戦は、取りやめになったが、6月1日、地下司令部壕は完全に米軍に制圧された。首里城は残骸と化し、首里一帯は腐敗した死体が悪臭を放ち、米軍全軍に立ち入り禁止措置がとられた。

艦砲射撃で退路を断つ

第32軍地下司令部壕の破壊作戦に最も貢献したのは、陸上部隊よりは、戦艦、駆逐艦などの艦砲射撃であった。とりわけ、「戦艦ミシシッピの圧倒的火砲が、首里城を瓦礫《がれき》化させた」[*3]と戦果が称《たた》えられた。

さらに地下司令部壕や首里一帯の陣地を脱出した兵士らに、追撃を加えたのが戦艦ニューヨークなどである。偵察機の連絡を受け、5月26日、戦艦ニューヨークら3隻は、南部への退却路や橋を目掛け集中砲撃を加えた。偵察機からは、民間服を着た大勢の日本兵が路上に倒れていると連絡が入った。首里城を攻める第1海兵師団司令部も、26日とその翌日、同艦に感謝電を伝えている。

「今日（27日）の午後の迅速な砲撃に喜びと感謝を申し上げる。おかげでニップス（日本兵）野郎は、（民間人に化け）着物姿で路上にたたきつけられている」[*4]

米軍が見たのは、艦砲射撃にやられ、道端に四散する多くの老幼婦女子であった。それまで首里の安全な場所から戦争を指導した者たちは、今度は追われる身となり南部へと敗走した。人が人でなくなったのが沖縄戦だと言われるが、このときの日本軍の人命軽視主義、米軍の人命破壊主義の戦いは戦争でしか示し得ない人間の仕業であった。

首里城地下司令部壕の実体解明を

首里城を陥落させた米軍はただちに壕内に入り、地下司令部壕を調査した。そこには焼却が間に合わず放置されたままの日本軍情報書類が山ほど残されていた。重要記録類は、ただちに米本国に送付され、ワシントンの情報担当者は、部内で号外を出して狂喜した。あまりにも精巧な壕の構造に驚いた米国の軍事史研究家は、自給自足の仕組みを備えた地下司令部壕は、第一次世界大戦の塹壕システムを越えていると評価し、トンネル内の生活空間は、軍艦の居住区と全く同じだと述べている。[*5]

そして戦後。

長年の準備期間をかけて1992年に再建された首里城には、年間約300万人が世界遺産の首里城（正しくは首里城跡）を一目見ようと押しかけた。再建なった首里城はまた、沖縄県民の精神的シンボルとして受け入れられ、平和な時代をかたどる鮮やかな朱色の彩色が人目を引いた。だが、首里城は２０１９年10月に火災に遭い再び消失する不幸にみまわれた。

首里城が燃えて８カ月が経《た》った２０２０年６月、「第32軍司令部壕の保存・公開を求める会」が発足した。首里城地下司令部壕の意味を問う市民運動が、初めて立ち上がった。同会の幹事の方から首里城の実体について筆者は意見を求められ、押し入れに眠ったままの英文記録を急いで取り出した。考えれば戦後80年近く、誰も地下司令部壕の中枢部に入ったことはなく、実体は地下深く埋もれたままである。はやる気持ちを抑えつつ、一枚一枚米軍記録や資料を読み返す作業が続いた。

そんな中、米軍参謀会議の日誌から、米軍が、地下壕にこもる第32軍司令部と住民救出に関わる協議を検討していたという新事実が分かった。さらに米海兵隊が初めて首里城に入ると、付近の壕から４人の女性が現れたと米側記録にあり、そのうち２人は英語が話せたという。彼女らは、堂々とタバコを吸いながら城跡の残骸の上に座っていたともある。首里城本殿がいつ燃えたのかについて、多くの証言があるが、新たな記録や証言を通じて月日が特定できたことも貴重な発見だ。日米両軍の記録を読み込み、照合して初めて地下司令部壕をめぐる新たな事実が見えてきた。

現在沖縄県の第32軍壕調査が続いており、爆破で閉じられ、埋もれたままの司令部壕も、あと一息で部分的に開けられるまでになった。地下司令部壕を開放するのは、当時の第32軍司令部がいかなる戦争を仕掛け、それが内外にどのような影響を与えたのかを検証するものでなければならない。それはまた泥濘の中に棲息《せいそく》し、兵士や住民を死に追いやった魑魅魍魎《ちみもうりょう》の実体を暴き、さらすものでなければならない。

ここは嘘《うそ》や偽り、虚飾と虚勢に長《た》けた軍首脳部が生き永らえた場所である。民間人や兵士らの叫びや悲しみを無視し続け、死をもって国に殉ずることを最高の美徳とみなした沖縄戦指導者の生活の場であった。改めて第32軍首里城地下司令部壕に向き合い、おごりたかぶった当時の司令部壕や司令部の人々に決着をつけ、復元される首里城と共に首里台地を平和の聖所に変えていく努力が求められている。

ちなみに国内の他の地下壕では、長野県の「松代大本営」や神奈川県日吉の「連合艦隊司令部」等が知られているが、実戦にはいたらず終戦を迎えている。これに対し、第32軍首里城地下司令部は、国内最後の戦闘司令部であった。崩壊した首里城から追われるように沖縄南部に下った司令部も、壮絶な最期を迎えている。

首里城の再建が進められている現在、日本軍がなぜ司令部を首里に置いたのか？　地下司令部壕の役割や構造はどのようなものであったか？

米軍はどう地下司令部壕を攻略したのか？　これらについて日・米軍資料、とりわけ米海軍記録を紐解《ひもと》き、首里城台地でいかなる戦闘が繰り広げられたかを明らかにしたい。さらにまた、近年南西諸島の基地化が進んでいるが、これは沖縄戦の根のところで結びついていることも指摘したい。

第1章 第32軍地下司令部壕の建設

米軍がろ獲した日本軍第32軍の集合写真。1大田實海軍少将、2牛島満第32軍司令官、3長勇第32軍参謀長、4金山均歩兵第89連隊長、5北郷格郎歩兵第32連隊長、6八原博通高級参謀。1945年2月。

沖縄県公文書館

2019（令和元）年10月31日、首里城は正殿《せいでん》から出火して11時間ほど燃え続け、正殿を含む9施設が全焼した。電気系統に何らかの出火原因があるが、いまだ原因は不明とされている。首里城が燃えたのは、これが五度目である。沖縄の復興の象徴として再建された首里城の火災は、沖縄県民に大きなショックを与えた。首里城は、沖縄のシンボルとして、平和を求める県民の「心の象徴」でもあった。

その前回の四度目の消失は、1945（昭和20）年4月28日から29日にかけ、日米最後の地上戦が戦われた戦闘でのことだった。なぜ首里城が米軍攻撃の矢面にさらされたのか？　それは首里城の地下深くに第32軍司令部が置かれていたからである。首里城正殿は、1925（大正14）年に特別保護建造物に指定され、その4年後の1929年に国宝に指定されたが、日本軍司令部と旧王城とがほぼ同じ位置に陣取っていた。後で詳しく述べるが米軍は当初、伝統文化施設への攻撃を控える方針だった。しかし最終的にはそこを目掛け陸、海、空から徹底攻撃を行なった。1945年5月29日、米海兵隊が首里城高台に入ると、辺り一面は残骸や瓦礫に覆われ、歴史や文化、自然や景観など、すべてが消滅してしまっていた。

米軍侵攻直前の首里城。1945年2月28日。　マッカーサー記念館

首里消滅の原因となった第32軍司令部とは何か？

第32軍司令部は、1944年3月に沖縄県に配備された大本営直属司令部であった（後に台湾方面軍の隷下に移った）。第32軍の作戦は首里が消滅するまで、次のおおまかに三度の転換を経ていた。

① 航空基地の建設と敵の奇襲攻撃に備えるため港湾を建設し、そこを防衛する作戦
② 海岸部で敵を叩《たた》く水際作戦
③ 一旦敵を沖縄に上陸させ、一日でも長く「地上戦闘」を続ける戦法（「吸血ポンプ作戦」「寝業作戦」）

以下、この第32軍の変遷について言及を進める。

1　第32軍の編成と前線基地沖縄

まず、配備当初、司令部には、参謀部や情報部、事務職員など340人余が配置され、司令部は旧真和志村《まわしそん》（現在の那覇市）松川の公共建物に落ち着いた。その他の司令部付き部隊は、沖縄県立第一高等女学校の敷地を借りるなどして、司令部と同じく最後まで独自の営舎・施設は持たなかった。第32軍創設時の軍の任務は、航空基地の建設と敵の奇襲攻撃に備えるため港湾を建設し、そこを防衛することであった。飛行場建設のため、県下から労務者と呼ばれる住民が駆り集められた。労働力として中等学校生や女学生、さらには婦人会までもが動員された。作業はスコップやツルハシ、モッコなどの木工、運搬具を用い、人海戦術で進められた。

だが、炎天下の飛行場建設が進むさ中の1944年7月7日、日本が守るべき「絶対国防圏」の最前線にあたるサイパン島が陥落した。大本営は、サイパン島が米軍の支配下に入ったので新たに沖縄を日本国領土の最前線とすることを決め、沖縄防衛の強化に取り組むことにした。首里城の要塞化はここに端を発している。

このため旧満州を警備していた関東軍傘下の師団や日本国内の予備役兵を合わせて6万人以上の兵員（第9師団、第24師団、第62師団など）が、沖縄に動員された。南西諸島は、またたく間に軍人であふれかえった。

沖縄派遣部隊の代表的師団が、満州牡丹江《ぼたんこう》から派遣された関東軍傘下の第9師団（兵員約1万4000人）である。第9師団は、一般兵士が輸送船で移動し、司令部要員のみ、7月10日から同12日にかけ空路沖縄に到着した。血気にはやる司令部要員は、飛行場に到着するや否や、「直《ただ》ちに抜刀し『敵は何処《どこ》か!!』と叫んだという。（中略）彼らはアメリカ軍がすでに沖縄に上陸したものと思い込んでいた」[*1]のである。

2　第9師団の首里地区配備

1944年7月、日本軍の沖縄派遣と同時に、首里市一帯は、軍事要衝地帯に変わっていった。首里地区に最初に軍事施設を構築したのが、第9師団である。同師団は、7月に沖縄に上陸し、その年の12月末には台湾へと移動している。同師団は、石川県金沢市の金沢城内に司令部庁舎を構える伝統的な陸軍部隊である。師団は、金沢市の中心部に練兵場や兵器庫などを配置し、同市は軍都として広く知られていた。

沖縄に到着した第9師団は、軍が駐屯すべき陣地や兵舎もなく、全くの無防備なことに驚いたという。

「これでよいのか、敵は既に目前に迫っているではないか、内地部隊はたるんでいるぞ[*2]」と満州から来た将校らは憤慨した。

そこで「師団は直ちに司令部を首里の師範学校におき、歩兵第7連隊を首里南方の南風原《はえばる》から大里《おおざと》地区に、歩兵第19連隊を東風平《こちんだ》地区に、歩兵第35連隊を南部島尻地区に配置[*3]」し、それぞれ独立した陣地を構築することにした。

このとき、第9師団司令部は、首里城に近接する土地を首里市から入手し、独自の司令部壕を建設することを決めた。そのとき首里市といかなる軍用地折衝を行なったかは不明である。この時期の沖縄の日本軍は、用地の提供についてなかば強制的に借り上げ、有無を言わさず承諾印を押させている。軍用地接収は軍事機密にも関わることなので、おそらく首里市独自の判断で、軍用地として無償貸与したものと考えられる。

ところで第9師団は、司令部と通信隊だけを首里に配備し、実動作戦部隊は、主に南部一帯に配置した。これは、敵の沖縄上陸予測地を南部地区とみなしたことに関係がある。第32軍司令部は、この段階で海岸部にて敵を叩く「水際攻撃」も計画しており、読谷山村《ゆんたんざそん》を中心とした中部地区の沿岸防衛には、第24師団を配備した。

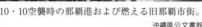

3　沖縄10・10大空襲が決定づけた地上戦の方針

10・10空襲時の那覇港および燃える旧那覇市街。

沖縄県公文書館

米軍の沖縄来襲を見越し、軍や民間人が基地建設や陣地壕建設に励むさ中の1944年10月10日、沖縄は大規模な米艦載機攻撃を受けた。那覇市一円は大炎上し、近隣の港湾やふ頭、飛行場なども爆撃を受け、死者225人、負傷者358人、全市域の90パーセント近くが焼失した。那覇市が大被害を受けたことにより、この日の米軍攻撃を「那覇10・10大空襲」と呼ぶものもいる。この後、第32軍は、今までの飛行場建設を停止し、敵を水際で叩く計画に変更、県民を動員した陸上陣地の構築に励んだ。

大空襲から約1カ月が経った11月3日、突然第32軍司令部に大本営陸軍部から、「第32軍は1個師団を台湾に転出されたい」との命令を受けた。沖縄と上級司令部の台湾軍との厳しいやり取りがあったが、結局大本営命令で11月17日、第9師団の転出が決まった。

これを契機に、新たな沖縄防衛構想が一挙に走り出した。それは、一旦敵を沖縄に上陸させ、一日でも長く「地上戦闘」を続ける戦法に変更することであった。これにより、本土での日米決戦の時間を稼ぐことが可能となり、大本営でも賛成した戦術である。長参謀長は、この戦いを「吸血ポンプ作戦」と命名し、努めて多く敵の損害を強要するのだと兵士らを激励した。

1944年11月26日、第32軍司令部は地上戦を想定し各部隊の陣地の転換命令を出した。これに伴い、各部隊はそれまでの陣地を放棄することになった。住民を多数動員して昼夜にわたった陣地構築も、ここで終わりとなり、各部隊は夜間に人目につかない「秘匿演習」と銘打った陣地移動を行なった。度重なる陣地移動に不満を言うものも多く、これとともに日本軍の士気もみるみるうちに下がっていった。沖縄戦が事実上終了した1945年6月23日、沖縄南部で米軍に投降した一人の日本兵は、「米軍の沖縄上陸前から、日本軍の大多数は、米軍に打ち負かされるのは間違いなく、このため士気も低かった」[*4]と述べている。この証言を裏付けるかのように、移動先の陣地において、「(将校らは)戦況が不利であるのを知っており、女たちと

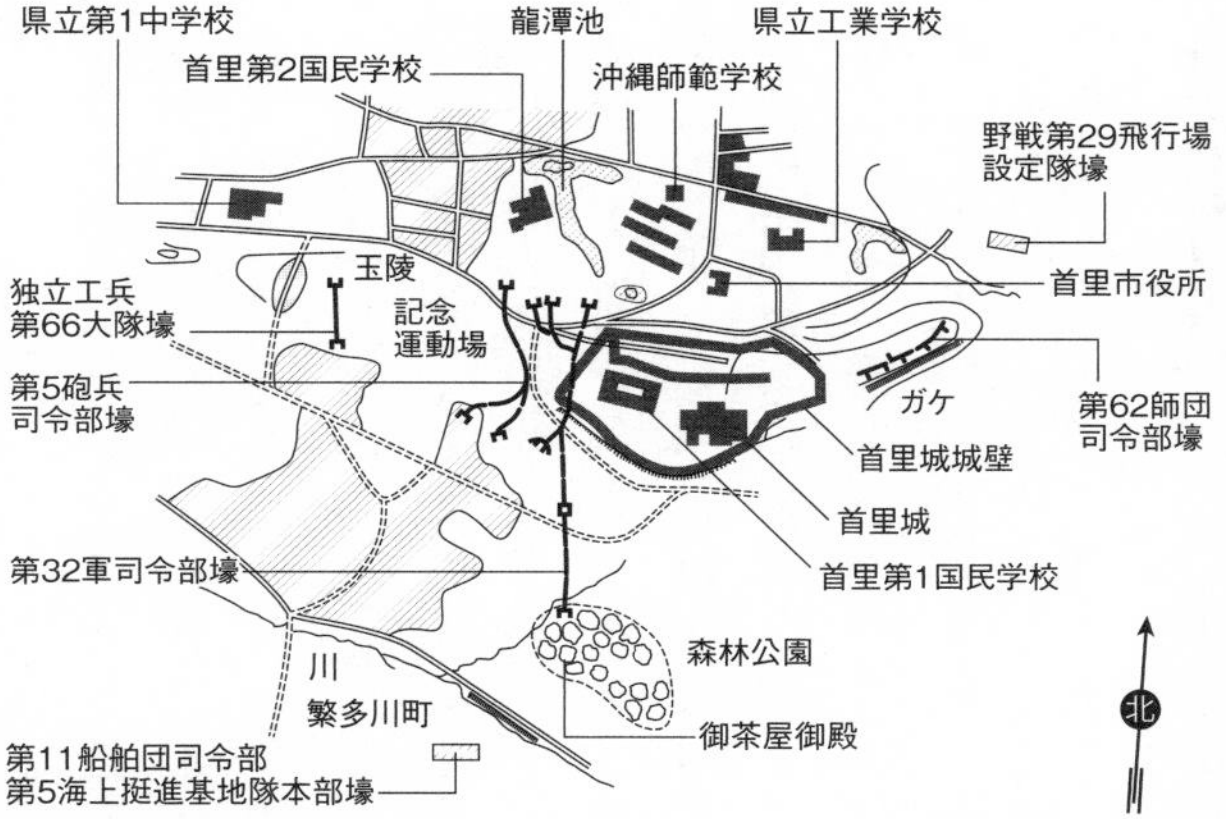

米軍が作成した1945年4月の首里城及び日本軍陣地などを表したもの。図右側の「第62師団司令部壕」は、もともと第9師団がガケ部分に掘削したものである。 NARA RG407 Box2946 米第10軍『インテリジェンス・モノグラフ』をもとに作成

遊《あそ》び呆《ほう》け、酒を飲んで騒いでいた。（中略）将校たちがこうした行動を見せたのは、戦闘精神を喪失し気落ちした結果からだ」[*5]と第62師団情報将校は述べている。ただし地元新聞の「沖縄新報」だけは、「捨て身の必殺精神」「死中に活あり」「軍民一如 一人一殺」などと書き立て、戦意を高揚したが、大局的には当初から日本軍の勝利はほぼ絶望的な作戦計画であった。

ところで第9師団は、台湾へ転出前に司令部壕と通信隊壕を首里に完成させていた。第9師団司令部壕は、旧赤田《あかた》御門《うじょう》（美福門）付近の首里城壁沿いに構築された。そこは首里城外壁の外側にあたり、直接首里城を

侵食することはなかったが、明治時代の熊本鎮台（師団）以来久方ぶりに首里城直近の地に軍司令部が置かれたのである。戦後の証言によれば、第9師団壕は、達磨寺《だるまでら》と呼ばれる西来院《さいらいいん》近くのほぼ首里城東に沿った斜面地に構築されたとのことだ。第9師団が、直接首里城内に陣地を設けなかったのは、1929（昭和4）年3月に制定された「国宝保存法」と関連があると思われる。同法第21条には、「国宝を損壊、毀棄又は隠匿したる者は五年以下の懲役、若《もし》くは禁錮、又は五百円以下の罰金に処す」とある。さらに、第22条には国宝の現状を変えた場合にも「五百円以下の過料に処す」と規定されている。そのために第9師団は、首里城そのものには手を触れず、首里城外壁の外側に地下陣地を構築したのではないだろうか。

ちなみに第9師団司令部壕は、首里城を取り囲む幹線道路沿いに位置しており、敵の上陸の際に部隊が出動するには最適だったと思われる。また司令部壕には、法務部や軍医部が入るとともに、輜重部《しちょうぶ》（軍需品の輸送、補給部隊）、工兵部なども入る計画であり、かなりの土地が必要であった。現在は、行政の手により整備され、辺り一帯は往時の面影もなく、壕跡を示すものも皆無である。

さらに第9師団は、旧首里王家の別邸であった首里城南の御茶屋御殿《うちゃやうどぅん》高台の斜面に、師団通信隊本部壕（現首里カトリック幼稚園）も掘っていた。同壕は、1944年9月、県立沖縄工業学校（現沖縄工業高校）建築科の支援を受け完成させたものだ。実際の地下壕建設に関わった宮里俊光教諭は、こう述べている。

高台に建つ御茶屋御殿。第9師団通信隊壕、後に第62師団通信隊壕は、この下に作られた。
出典／『戦前の沖縄 奄美写真帳』沖縄県立図書館蔵

「（第9師団が掘削した御茶屋御殿の）この丘は、地元の方言でクチャ（苦土）と呼ばれる硬質な土の層で構成されていて鶴嘴《つるはし》を使用しなければ掘削が出来ない。機械無しの手掘作業は大変な重労働であった。貫通までに二週間の日時を要し、三か所の壕が繋《つな》がった時は現場の隊員達は小躍りして喜んでいた。（中略）完成後は壕内支柱の補強、落盤防止対策、壕内外の手直し、通信室の整備などが行われていた」[*6]

御茶屋御殿には、菜園と山林が付属しており、尚家《しょうけ》の所有であった。軍では通信隊本部として御茶屋御殿の場所が最適だとして尚家と交渉

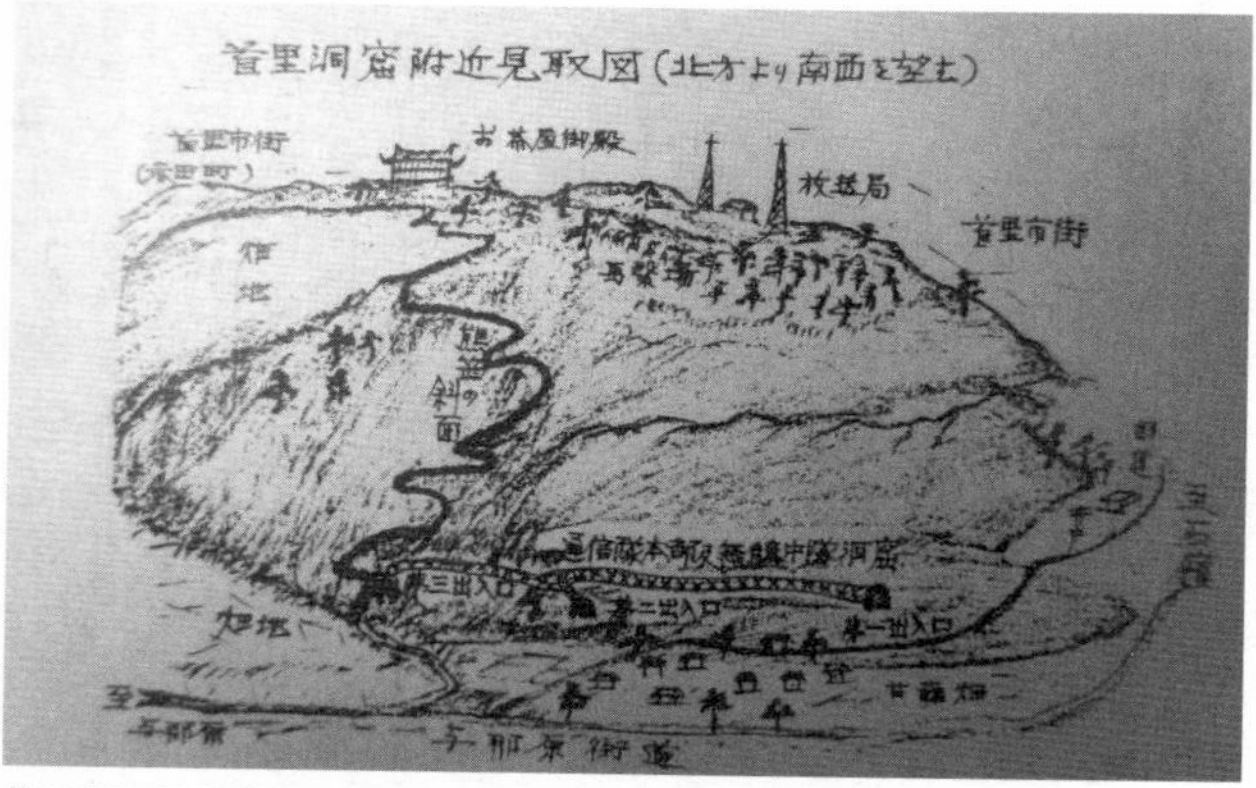

第62師団通信隊首里洞窟見取図（北方より南西を望む）。
出典／大橋正一『沖縄戦回想　悲涙の戦記』朝日カルチャーセンター、1990年、99頁

したのだろう。土地は尚家から無償提供されたものと考えられる。

なお壕内の坑道は、すべてセメント打ちされており、トンネル内の梁《はり》部分は松の丸太で枠組みされ、10メートル間隔で内部が掘り込みされていた。第9師団の転出後、同師団通信隊本部壕を譲り受けた第62師団将校は、第9師団通信隊壕の建設レベルは、最高の完成度であったと述べている。

4　明治12年　熊本鎮台の首里城占拠

さて、第32軍による首里城要塞化について話を進める前に、前史として明治以降の沖縄での首里城の位置づけについてここで簡略に述べておきたい。

首里に日本軍が駐屯したのは、第9師団が最初ではない。琉球王国は1879（明治12）年4月、「琉球処分」によって崩壊し、首里城は、熊本鎮台（後の第6師団―熊本）分遣隊200人により占拠された。それ以後熊本鎮台は、1896（明治29）年までの17年間、治安を理由に首里城に駐屯した。

首里城歓会門前に並ぶ明治政府軍の兵士。

出典／ウィキメディア・コモンズ

明治期の軍部による旧城下町駐屯は、全国でも同じであった。廃藩置県に伴い全国の旧城下町には、城郭内外に軍隊が置かれ、部隊が設置された都市は、みるみるうちに軍都に変わっていった。その代表が、第9師団が駐屯した金沢城と金沢市である。このとき、大阪城（大阪府）や広島城（広島県）、仙台城（宮城県）にも軍事施設が置かれた。なおこうした城下町は首里城をはじめ、大戦でほとんどが焼失している。

さて、熊本鎮台分遣隊が首里城から撤退後、首里城の土地、建物の管理者は陸軍省となった。やがて首里市には工芸学校や尋常小学校が設置され、首里城正殿の一部は校舎としても利用されるようになった。これ以後約40年弱、沖縄には野戦部隊の配備はなく、戦争とはほとんど無縁な地域となった。ただし首里城そのものは、この間幾多の変遷を遂げている。1909（明治42）年、陸軍省は、首里区に土地の無償使用を認め、建物の一部払下げも認められた。1910（明治43）年8月には、首里区会（現在の市議会）は、首里城正殿を取り壊し、学校敷地として再整備し、城の解体から出る古材は売却する議案を提出したが、議決には至らなかった。

首里城の解体問題と並行して1910年代から沖縄の精神世界を揺るがす「県社建設」問題が起こっている。沖縄県は、独自に県社と呼ばれる神社の建立を図り、日本政府神社局への働きかけを開始した。しかし、神社の「敬神崇祖」（守護神や守護霊など）を何にするかや神社建設地をどこにするかで行き詰まってしまった。沖縄神社建設構想はとん挫してしまったが、大正時代末期の1923（大正12）年9月、再び沖縄神社建設問題が動き出した。*7 沖縄県は、神社建設予定地を首里城内とし、首里市会は沖縄神社建設のため、首里城取り壊しを正式決定した。このとき、首里城正殿を「沖縄神社拝殿」に改め、「祭神」は舜天《しゅんてん》王と王の父と呼ばれる源為朝《みなもとのためとも》、さらに王国に貢献した3人の琉球国王に決まった。沖縄県では、神社創設が決まると県下一円から募金を募り、同年に「神社拝殿」の起工式を行なっている。1926（大正

沖縄神社拝殿（関係絵はがき）。拝殿入口に相対面する一対の龍と灯籠が置かれ、入口には賽銭箱が置かれた。
那覇市歴史博物館

15）年、首里城正殿を改めた沖縄神社は、県社に昇格した。このとき以来首里城＝沖縄神社は、日本人と先祖を同じくする「日琉同祖論」のシンボルとなった。[*8] こうして旧首里城正殿は、「神社拝殿」となり、旧王家の祭祀場《さいしじょう》跡に「神社正殿」が建てられた。

この経緯から、沖縄神社の設立は、沖縄県民の崇拝の心を具体化したものというよりは、中央政府の宗教政策を反映したものと言われている。例えば社会学者の大田昌秀《おおたまさひで》（後に県知事）は、「沖縄県民の本土との一体感を一だんと促進し、国民的感情の高揚を計る目的で県社沖縄神社の設立が目論まれた[*9]」と述べている。また宗教学者の鳥越憲三郎は、沖縄神社は、民衆の信仰からの要望に応えて創設されたものでなかったので、沖縄戦直前まで「参詣者の姿をほとんど見なかった」[*10]と述べている。こうして首里城は、歴史的・文化的建造物から宗教施設の一つに変更され、県民のアイデンティティからかけ離れた文化財になってしまったのが実情である。

とはいえ、昭和の時代に入り那覇市を中心に近代化が進む沖縄の中で、神社拝殿＝旧首里城正殿をいだく首里市は、依然として旧都の面影を残す街並みを誇り、沖縄の将来を担う生徒や学徒の学《まな》び舎《や》の集積地であり、伝統や文化が花開く文教の街として発展を遂げていた。首里の中心部に国宝指定された首里城正殿が位置し、周囲には同じく国宝の守礼門《しゅれいもん》、歓会門《かんかいもん》、円覚寺《えんかくじ》、園比屋武御嶽《そのひゃんうたき》石門などが集まっていた。

5　第32軍司令部の首里移転

１９４４年12月、ついに第32軍司令部は、首里城の要塞化に着手する。このときから首里城地下の掘削が始まったが、軍部や行政関係者は、沖縄神社をいだく首里城一帯を必勝祈願の地とみなし、験の良い最高の聖域と考えた。

第32軍司令部が最終的に作戦変更を行なったのは、１９４４年11月23日のことである。第9

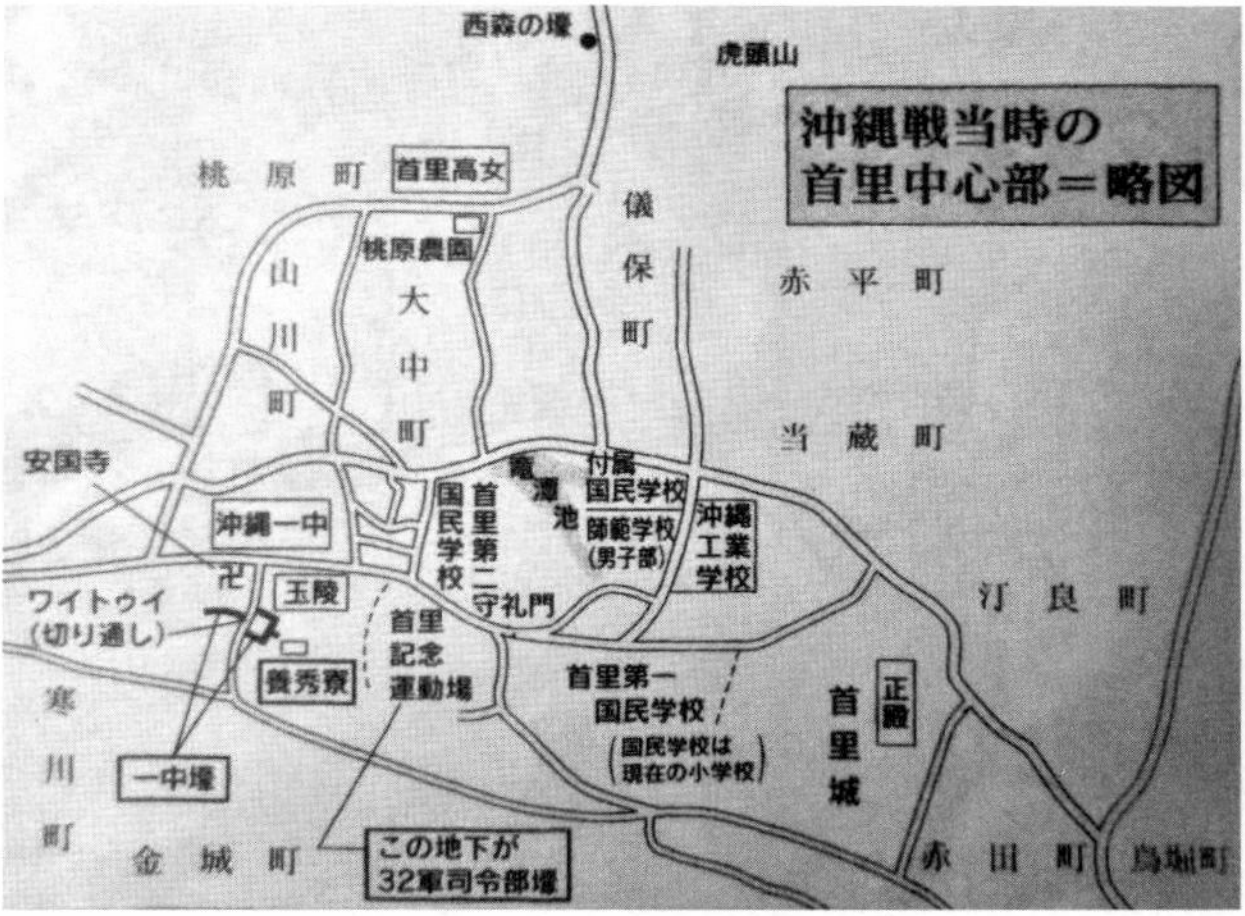

1944年ごろの首里城を中心とした学校の配置。

出典／兼城一『沖縄一中鉄血勤皇隊の記録　証言・沖縄戦』上、高文研、2000年、67頁

師団の沖縄からの転出が11月17日に決まってから僅か6日後のことである。この間に第32軍司令部は、根本的に戦闘方針を改めた。前述したように新たに司令部がとった作戦は、敵を上陸させ、その上で日本軍に有利な地上戦闘に持ち込み、敵を退散させようとする「戦略持久作戦」、すなわち地上戦であった。

後日長勇参謀長は、首里市長の仲吉《なかよし》良光《りょうこう》に「（敵の）二、三個師団は無血で上陸させる。（敵が）上陸するや猫がネズミをなぶり殺すように翻弄して全滅する。（中略）航空隊が襲撃し、その上チヨコレート大の新武器爆弾で瞬時にして潰滅する」[*11]と豪語した。これは、敵を殺

すにしてもてあそびながらじわじわ殺すことを表し、さらに原子爆弾のような新型爆弾で一瞬にして敵を全滅させると述べたものだ。

ところで「戦略持久作戦」の展開は、沖縄全域の防衛と陣地の構成、いわゆる築城にかかっていた。当然これは、島の規模、兵力、装備、さらに敵がどこに上陸するかその見極めにかかっている。一方、地上戦闘に持ち込むには、大規模な部隊を予備として手元に留め、重要拠点や要衝には強固な防衛陣地を築城することが必要になる。しかも予備兵力は、前線への投入のため容易に移動できる場所に待機させねばならない。

長勇第32軍参謀長
出典／ウィキメディア・コモンズ

また、作戦には敵に向け火力の大規模な集中が条件になるが、第32軍砲兵部隊には武器・弾薬は少なかった。第9師団が沖縄に駐屯していたときに敵との近接戦闘を考え、肉薄攻撃と呼ばれる「対戦車肉薄攻撃」訓練が全部隊に対し行なわれた。これは、事実上兵士の肉体を兵器とみなし、敵と向き合う戦術であった。

さらに日本軍は、陣地の構築にあたり、洞窟や人工壕をトンネルや塹壕《ざんごう》で結び、近くには退避壕を作り、米軍の熾烈《しれつ》な砲爆撃に対抗しようとした。

ちなみに大々的な戦術変更を八原博通《やはらひろみち》高級参謀は、「寝業戦法」と呼んでいる。これは、圧倒的に物量に差がある敵を前にして、日本軍が優位に戦えるのは、自分たちが堅固な地下陣地に立てこもり、寝業のように敵の物量攻撃を凌《しの》ぎ、スキを突いて敵を攻撃する方法を指すという。この戦術は、すでに硫黄島の日本軍が採用した柔道の寝業戦法、いわゆる捨て身の戦術で立証済みでもあった。硫黄島と同じく「戦略持久作戦」を考える八原大佐は、「築城さえ徹底すれば、アメリカ軍の物質力をほとんど無価値にさせ、赤裸々な人間対人間の原始的闘争をアメリカ軍に強要することができる」[*12]と考えた。この場合の「赤裸々な人間対人間の原始的闘争」とは、敵味方が相対峙《あいたいじ》し、素手に近い形での「近接戦闘」のことをいうのだが、結果的にこの戦法は、いたずらに戦死者を増やしただけだった。

八原博通高級参謀

出典／ウィキメディア・コモンズ

さて、「戦略持久作戦」を展開するにあたり、なぜ首里城地下司令部壕が適地であったのか、陣地はいかにして構築されたのかなどについて論じていく。

6　地上戦準備と大幅な陣地転換

第32軍の思い切った陣地転換は、司令部の最終的な配置計画にも及んだ。作戦変更の当初は、南風原村津嘉山《つかざん》に第32軍司令部を移設する計画が立てられた。しかし、「10・10空襲体験からして米軍の砲爆撃力には耐えられない、強度に不安がある、戦場の展望がきかないという理由から放棄された。（中略）そこで首里にあった第9師団の司令部壕を使うことになったが、規模が小さい、通気が悪いなどの理由から、この壕は第62師団に譲り、新たに壕を構築することになった。１９４４年12月9日、第二野戦築城隊によって司令部壕の築城が始まった」[*13]。津嘉山壕（予備戦闘司令部と呼ぶ）の築城と並行して、読谷山村の第２２０高地（予備戦闘司令部）でも、同様に第32軍司令部壕建設が進んでいた。津嘉山の司令部移転の場合、敵が沖縄本島南部に上陸した際の拠点として考えられた。同じく本島中部の第２２０高地の司令部壕は、中部一帯への敵の上陸に備えるものであった。

ところが、第32軍司令部が「地上戦闘」準備に移行したことにより、中部地区に布陣する飛行場防衛・同戦闘部隊は、敵を上陸させての陽動作戦しか展開できず、大幅な陣地転換が図られた。

例えば1944年8月に満州の東安《とうあん》から来た第24師団傘下の野砲兵第42連隊の場合、読谷山村の220高地山頂の岩盤部に陣地壕を構築していた。掘削地は、自然の岩山で穴のあるサンゴ礁岩からなっていた。岩盤の強度はそれほど強くはないが、岩盤層の割れ目から湧水、流水が噴出し、難工事であった。しかも坑道内には明かりがなかった。坑口近くの場合、煙草《たばこ》の銀紙を板切れに貼り集めて反射板を作り、明かり採りに工夫出来たが、それ以外は民間人から豚油の供出を受けて、作業を続けたという。「缶詰の空缶を細工して包帯で灯芯を作り、原始的なカンテラを量産して、坑道の支柱」[*14]に吊《つ》り下げ工事を進めた。掘った後の残土、砕石は、畑地に埋め、上空秘匿と呼ばれる敵に対する目隠しも必要であった。この場合、松の枝を使って偽装縄で上から覆って上空からは見破られないように工夫した。

1日に2交代での突貫作業で、11月には一通りの陣地壕が完成したが、11月25日、野砲兵第42連隊は、陣地構築作業をすべて中止し、南部に陣地転換を命令された。移動は、地域住民には気づかれぬよう夜間演習の実戦のように行ない、一切音を立てず、あたかも「夜逃げ」同然に行なわれた。このときのことを同連隊通信隊の月居《つきおり》1等兵は、「苦心の陣地を、まったくの無駄なものとしてすべてをいま捨て去る事になってしまった。その無駄さ加減にも腹立ちを感じるのでもあった」[*15]と述べている。

7　第32軍司令部壕築城の意義

さて、当初の第32軍司令部の移転先は、すでに掘削が終わっていた首里の第9師団司令部壕跡であったが、1000人以上の司令部要員が居住（棲息所《せいそくじょ》という）するには、限界があった。結果的に、首里城を隠《かく》れ蓑《みの》にするような形の地下掘削式の地下司令部壕建設が決まったのである。首里城に司令部が置かれることになった理由としては次の6つの理由が挙げられる。

① 首里城の地形

② 長期にわたり戦争指揮が可能な場所は、首里地区しかなかった

③ 比較的安全な司令部のある首里を中心にし、西原村《にしはらそん》から浦添村《うらそえそん》一帯に洞窟複郭陣地（幾重にも連なる陣地）があったこと

④ 小高い丘で無線の受信状態がよく、情報関連部隊が首里に集中していたこと

⑤ 首里城に武運長久を願う県社の沖縄神社が位置していたこと

⑥ 住民の協力が比較的容易であったこと

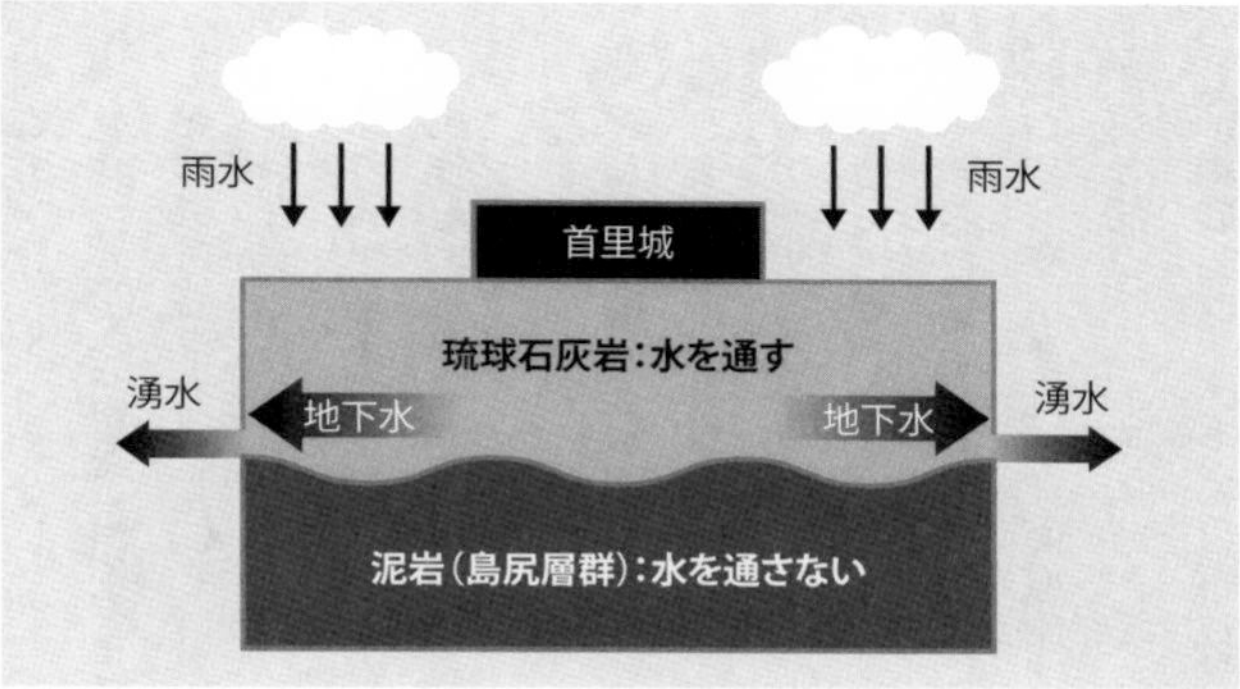

首里城の地層と湧水のイメージ図。
「VRでよみがえった3D首里城でみる、沖縄の地形と地質」（「芝原暁彦の『化石は地球のビッグデータ!』」2020年10月31日　https://news.yahoo.co.jp/byline/shibaharaakihiko）をもとに作成

以下、それぞれの条件について述べる。

第1に、首里城の地形。元々「城」は軍事施設でもあり、軍事上必要な地理的な条件が備わっていたのである。

首里城は、沖縄県那覇市の首里高台にある城趾《じょうし》で、大きさは東西に約400メートル、南北に約270メートル、面積4万6167平方メートルの規模である。地形的に首里城は、標高約100メートルから130メートルの台地の上に建てられ、南部一円では高い場所に位置している。首里城の土台は、琉球石灰岩からなり、城壁や石垣も同じ琉球石灰岩で作られている。この石灰岩は、約100万〜50万年前のサンゴ礁が固まったものであるが、地質学的にはまだ新しい時代の岩石と言われている。そのため、小さな穴がたくさん空いており、水が通りやすい岩石でもある。琉球石灰岩の下には、島尻層群に含まれるクチャ（泥）と呼ばれる硬い泥岩が分布している。両方とも、かつて海の中で堆積したものであるが、クチャは緻密で水を通しにくい泥岩である。この泥岩部は、ある程度までは操作が簡単な道具で掘削が可能である。

つまり首里地下司令部壕は、水の確保が容易で、地質的にも米軍砲爆撃に耐える防空壕として「抗弾力」に優れていた。

第2に、戦略持久のため長期にわたり戦争指揮が可能な場所は、首里市しかなかったことである。すなわち、首里城の位置、見通しの良さが上げられる。

東《あがり》のアザナ（物見台）から北の方向には、中部の読谷山村が見え、久慶門《きゅうけいもん》から那覇市内や慶《け》良間《らま》諸島が一望できる。さらに、京の内のアザナは「中のアザナ」とも呼ばれ、沖縄海軍が布陣している豊見城《とみぐすく》地区が視界に入っている。首里城台地からぐるりと一回転すると、中部の北谷《ちゃたん》から那覇、豊見城、南風原、さらに太平洋側の与那原《よなばる》までを見下ろすことができた。また、地下司令部壕から1キロほど離れた東に行くと標高165・5メートルの弁ヶ嶽《べんがだけ》が位置していた。沖縄戦当時、ここには電波警戒隊が配備され、敵の情報収集や味方の情報を発信するなど

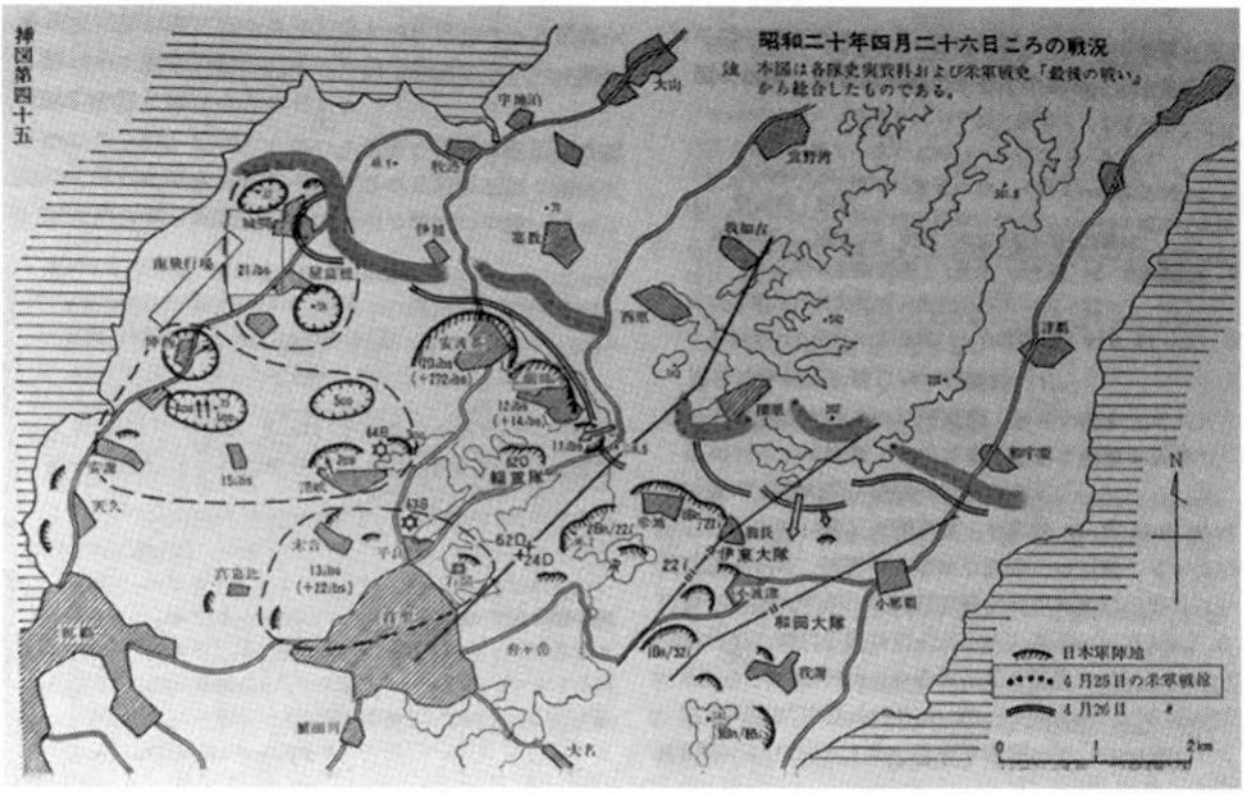

日米の防衛拠点—4月25日時点の日米の戦線（太線）。
防衛庁防衛研修所戦史室編『沖縄方面陸軍作戦』戦史叢書、朝雲新聞社、1968年、433頁より作成

の通信任務を果たした。ここからは、南部の久《く》高島《だかじま》までが一望できた。作戦上高地に司令部を置くことは、戦闘を有利に進め、情報収集を図る上で最適であった。

第3に、首里を同心円状に囲むように、西原村から浦添村一帯に洞窟複郭陣地を設け、敵の侵入を段階的に防ぐには最適であったことだ。首里地区は、沖縄防衛の交叉点《こうさてん》中央に位置し、機動性に富む位置にあった。

1944年12月時点での日本軍配置では、宜《ぎ》野湾村《のわんそん》嘉数《かかず》高地に最前線陣地が置かれていた。嘉数高地には、第32軍指揮下の第62師団（石部隊）が主に布陣していた。しかし1945年4月、2週間余に及ぶ戦闘の末、日本軍は浦添の

前田高地まで撤退した。45頁の図の太線は、4月25日時点での日本軍と米軍の戦闘地点を示したものである。日本軍は、5月段階でこの線で米軍を食い止めようと、5月4日、日本軍最後の「総攻撃」を行なった。

5月4日の日本軍総攻撃で重要なのは、攻撃に動員された師団、旅団などは、ほとんどが首里地区を経由して最前線に出て行ったことである。すなわち、首里地区は部隊の機動性に優位な地形にあったのである。こうして地下司令部壕は、動員部隊の中継地となり、作戦地に向かう各部隊の避難壕、退避壕としても使われた。結果は、大敗であった。

総攻撃失敗後、各部隊は、ほとんどが地下司令部を取り囲むように再配置された。しかし、5月も10日を過ぎると複郭陣地も随所で敵の侵入を許してしまい、第32軍の持久作戦構想は全く破綻してしまった。首里城地下司令部は、沖縄戦で命令を出し続けたが、結局首里地区では敵の侵入を防げなかったわけである。

第4に、小高い丘で無線の受信状態が良いことと情報関連部隊が首里に集中していたことである。

次の図は、地下司令部壕第1坑口に設置された「合同無線通信所」に関連する部隊や送信塔、

第32軍地下司令部合同無線通信所

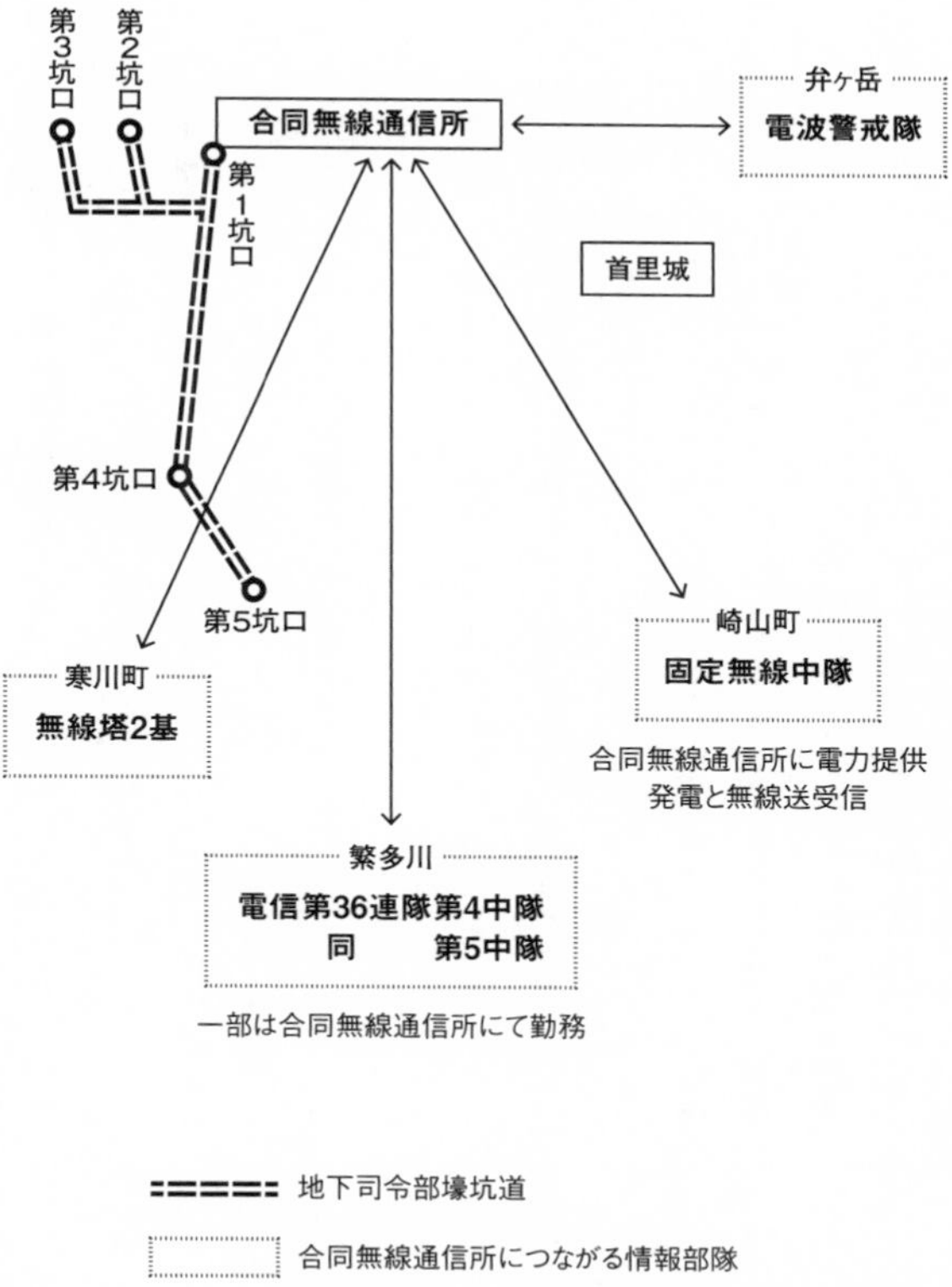

筆者作成

電波塔を現したものである。NHK沖縄放送局は、米軍の沖縄上陸直前に放送局を閉鎖した。そこで第32軍司令部は、元NHK沖縄放送局の職員を軍属として採用し、情報部門の重要な任務を与えた。NHK沖縄放送塔以外に首里市崎山町《さきやまちょう》には無線塔3本が立っていたが、そのうち2本は、首里城が米軍の手に落ちてもなお倒れず立っているのが確認されている。

こうして首里城地下司令部は、壕内や周辺に数千人にも及ぶ情報部隊を配置し、沖縄戦の開始から首里撤退のその日まで、情報戦を指導した。

第5に、ここに武運長久を願う県社の沖縄神社が位置していたことだ。1945年1月1日、この日第32軍司令部首脳は、那覇市の護国寺で新年の参拝を行なったが、第62師団司令部要員は、出先の部隊員を集め、沖縄神社に詣でている。

「県社沖縄神社」は行政機関が推進して設立されたものだが、ここは元王城跡で、唯一の県社であった。「規模の大きな神社だったはずだが、地域の信仰を集めることがなかったためか、神社として復興することはできなかった[*16]」と言われている。ただし沖縄神社は、軍人の必勝祈願の場としては最高の場所にあり、また軍人のみならず多くの住民が夫や子の武運長久を念じ祈願した験の良い場所に位置していた。

第6に、住民の協力が比較的容易であったことが挙げられる。1944年11月から第32軍司令部は、新陣地建設のため市民や学徒を動員し、全島の要塞化を急いだ。首里には、沖縄師範学校男子部や県立沖縄工業学校、県立第一中学校などが並んで建っており、学徒の動員が可能であった。

事実、第32軍司令部は、12月9日からの工事開始と同時に首里市一帯に構築された各部隊の壕建築や土木作業に学徒を動員した。とくに首里城下のトンネル工事で学徒らは、過酷な環境下での掘削作業に従事した。工事は、1日2交代制で進められ、3月末には一通りの工事が完了した。

なお、首里城が国宝である限り、そこに何らかの工事を施すのは違法ではないかとの意見もある。しかし、第32軍地下司令部壕そのものは、首里城本体には手を触れず、首里城周囲か直近の場所に坑口を設けるだけで、城そのものの毀損や破壊は見られなかった。また仮に、文化財への侵害行為としてみなされても、軍事施設は、「軍機保護法」に基づき、近づくことも触れることもできないものであった。そのため、首里城一帯の工事については、一般市民の口にはほとんど上らなかった。

他方、文化財を意図的に利用し、敵の攻撃から司令部を守ろうとするような軍事的配慮はどうだっただろうか。長参謀長は、沖縄戦が始まる前から、神話を題材にした講話を行ない、暗に地下司令部壕を神代の地でもあるかのように称えていた。

「必ず勝つ　歴史に立証す

我が日本は、天孫天照大神《あまてらすおおみかみ》のご神勅の通り（中略）常に終局の勝利を獲得してきたのである。（中略）我が日本はその戦いに負けると見えて必ず勝つ国柄である」[*17]

これは、過去の歴史上二つの戦い——楠木正成《くすのきまさしげ》と千早城、元寇《げんこう》の役（文永・弘安の役）——において、神風が吹き荒れ、最後に朝廷側や日本軍が勝利を収めた話に基づいていた。さらにこのとき長参謀長は、「天照大神」の俚言《りげん》を例に引き、沖縄の天地は共に永遠に栄えると力説した。やがて第32軍地下司令部壕が完成した暁には、先にも述べたが自ら司令部壕を「天の巌戸戦闘司令所」と命名している。豪放磊落《ごうほうらいらく》、猪突猛進《ちょとつもうしん》と言われた長参謀長だが、首里城は天の巌戸をいだく神聖な場所と考えていたようだ。

ところで首里城は、沖縄県民の文化的アイデンティティの基礎となるものであったが、とりたてて第32軍が、国宝として保存に務めた痕跡や記録はない。アジアの諸国・地域でもそうであったが日本軍は、戦時下の文化財保護は想定しておらず、爆撃により古建築物や文化施設を破壊していた。

反面、首里には多くの文化施設があり、米軍の攻撃を躊躇《ちゅうちょ》させる思惑があったかもしれない。地上戦が始まれば、無線解析により数日を経ないうちに、首里城下に日本軍司令部があるのは分かることである。ちなみに八原博通大佐は、沖縄地上戦前に「アメリカ軍も文明国の軍隊である。よもやわが非戦闘員を虐殺するようなことはあるまい[*18]」と述べていた。八原大佐は、米国留学体験もあり、米軍が「陸戦の法規慣例に関する条約」(日本は1900年に批准)に即した軍事行動をとることは了解済みであっただろう。同条約では、軍事上の目的に用いない限り宗教施設や病院、文化的な建造物に損害を与えてはならない(第27条)と定められている。首里城近辺には、強固な軍事施設が配備されたが、もしかすれば「首里城攻撃」は回避されるのではないかという考えが日本軍首脳に起こっても不思議ではない。後述するが、米軍は、3月23日の沖縄空襲から4月18日まで首里城を「宗教的施設か学校施設」として攻撃を控えたのは事実である。第32軍地下司令部壕は、魑魅魍魎とも称されるもので、敵の攻撃を抑制させるためにあらゆる行動をとったと考えても不思議はないだろう。

こうして第32軍司令部壕の築城は、はじめに壕の強度を考慮し、次いで戦場地域の展望、配下部隊の機動性、収容人数の問題などを勘案し、最終的に首里城地下に掘削することに決まった。もちろんこの他にも、壕構築に必要な人材、機密性や防諜《ぼうちょう》、警備なども勘案し、総合的・多角的に首里に決まったことが判明する。

8　地下司令部壕の構築

総延長1キロに及ぶ第32軍司令部壕の築城は、軍最大の掘削工事であった。陣地を構築（築城）するには、『野戦築城教範』に基づき「野戦築城施設実施計画書」が必要である。それに関連した記録は、今までのところ見つかっていないが、第24師団傘下の第89連隊が満州の東安で作成した「野戦築城施設実施計画書」[*19]が沖縄で見つかっている。本記録は米軍が発見し、米本国に持ち出したが、日本政府の要請によりその他の記録とともに1950年代に返還された。この記録は、直接には沖縄作戦と関係しないが、沖縄での築城の実際が想像できる優れた記録である。第89連隊の計画書は、築城目的に始まり、作業の手順が記され、最後に機密保持の仕方や防諜などについて具体的に記載している。これを第32軍地下司令部壕の構築に照らし合わせると、これまで不明であった地域住民への対応などが浮かび上がってくる。ここでは、「野戦築城施設実施計画書」を参考に、第32軍地下司令部壕の築城について考えてみたい。

①築城方針と作業兵力

第32軍司令部壕は、第2野戦築城隊長の駒場謙少佐と作戦参謀の櫨山《はぜやま》徹夫《てつお》少佐、情報参謀の薬丸兼教《やくまるかねのり》少佐ら数人が協議し計画を立てた。工事は、1944年12月9日から開始され、1945年3月に一応の完成を見ている。司令部が、沖縄師範学校男子部の校舎を出て地下司令部壕に入ったのは、米軍の沖縄本島上陸1週間前の3月23日であった。

地下司令部壕の築城は、突貫工事のため、陸軍技師や工兵隊土木技術者が指揮をとり、首里市民や学徒らを動員し、大至急工事を行なった。さらに作業には、付近一帯の住民も駆り出され、協力を行なった。

1945年3月には沖縄師範学校鉄血勤皇隊《てつけつきんのうたい》が編成され、240人余の学徒が野戦築城隊に配属された。学徒らは1日2交代制で司令部壕の掘削を続けた。壕掘りに動員された沖縄師範学徒はこう述べている。

「坑道内は天井などから流れ落ちた水で足首がつかるほどだった。足はふやけるし、ずぶ濡《ぬ》れになるし、おまけに坑道内は蒸し暑く、兵隊もふんどし姿で作業していた」[*20]

トンネル工事では、兵士らがダイナマイトで岩石を爆破し、崩れた泥岩をツルハシやタガネで叩いた。残土、砕石の処理は学徒兵らが当たり、その石くずを市民や学徒兵らがトロッコで坑外に捨てた。

トンネル工事に携わった別の学徒は、こう述べている。

「高さ二米余、幅四米程の坑道は松材を使って頑丈な柱を立て、天井も落盤を防ぐため厚い松板をはめる。処々に袋穴を作って部屋にし、また、換気のための垂直坑道も掘る」[*21]

「袋穴」とは、坑道内の寝床や私有物を保管する場所である。坑道内の片側に棲息できるスペースが作られ、兵士らはそこで時間をつぶした。

さらに壕掘り作業には、「慰安婦」と呼ばれた女性たちも動員されているのを学徒兵が証言している。

「夜勤の穴掘りに駆り出されて、淡くともる裸電球の光を頼りに壕の奥の方へと進むと、何時《いつ》ものように十字鍬を打ち込む音が聞こえて来る。（中略）すこし坑道の折れた所を通り、いきなり目に飛び込んで来た光景には思わず我が目を疑った。（中略）十字鍬を振るう裸の兵隊たちの他に、新しい防暑服を着けた数名が円匙《えんし》を使っている。女ではないか！　私たちは思わず顔を見合わせた。淡い光を浴び、馴れない手付で円匙を使うその人たちは正しく女である」[*22]

掘削作業に動員された師範学徒兵が目にしたのは、半袖のシャツに半ズボンを身に着け、肉体労働に動員された女性たちであった。彼女らは、兵士らに卑猥《ひわい》な言葉を投げかけられても口をつぐみ、沈痛な面持ちでスコップを振るったという。

ところで首里城地下司令部壕には、朝鮮人軍属は動員されたのであろうか。1972年10月、沖縄に強制連行された朝鮮人に関する実態調査報告書が出た。それによると「(司令部壕の)建設には特設水上勤務第一〇三、一〇四の二個中隊の朝鮮人『軍夫』も動員され酷使された。一個中隊約一、五〇〇名として三、〇〇〇名である」[*23]と記述されている。ただし、実際の水上勤務各中隊の動員数は700人程度であり、人員にかなりの誤差がある。記録によると、第32軍防衛築城隊に派遣された朝鮮人軍属の場合、1944年12月段階で「首里市崎山町通信所構築3か所」[*24]に動員されていることが判明する。同築城隊は、臨時編成された部隊で、「部隊は第62師団長直轄とし、(中略)戦闘に移行する場合は、その指揮下に入るべし」[*25]と米軍記録にはある。そうすると朝鮮人軍属を含む第32軍防衛築城隊は、第62師団に配属され、首里城地下司令部壕の掘削作業には朝鮮人軍属は動員されていないことが判明する。

②築城の材料および器材

さて、築城の根幹は洞窟にあるが、洞窟構築には莫大《ばくだい》な量の坑木が必要になる。八原高級参謀の計算によれば、坑道1メートルにつき約20本の坑木が必要になるという。当時の沖縄本島北部は、未開墾の原生林が残る山野であった。そこで作戦後方参謀の木村中佐が、部隊ごとの樹木伐採計画を立て、国頭《くにがみ》地区からトラックや海上輸送により首里地区まで搬送する計画を立てた。とくに首里に輸送された松材の場合、現地や搬入先の製材所で梁木《りようぼく》として数万本が製材され、坑道の側壁資材として使われた。

③首里城の偽装と監視

地下司令部壕の工事と並行し、首里城正殿の上部偽装が、地元警防団の手で行なわれた。首里城偽装の資材は、オオタニワタリだけが集まり、それを警防団員たちが、「梯子《はしご》をつなぎ合わせて屋根に上り、命綱をたよりに屋根瓦の溝のところに約一メートル間隔で大小のオオタニワタリを固定した」[*26]という。オオタニワタリは常緑性の大型シダ科の植物であるが、上空からは剝《む》き出しの首里城が丸見えで、偽装効果はさほど上がらなかったという。またこのとき、警防団は、首里城間近の「中城御殿《なかぐすくうどうん》」の屋根に上り、対空監視にも当たっていた。

④機密保持と防諜

壕建設には、機密の保持と防諜・警備が欠かせない。地上戦直前の沖縄は、軍部の指定で多くの場所が立ち入り制限、撮影禁止地区に指定されていた。その際、軍部は立て看板などを掲示して住民に注意を促している。一例として、第32軍司令官名で出された掲示板が残っている。これは、軍事施設への接近に注意を促すもので、「違反者は罰せられる」と書かれている。

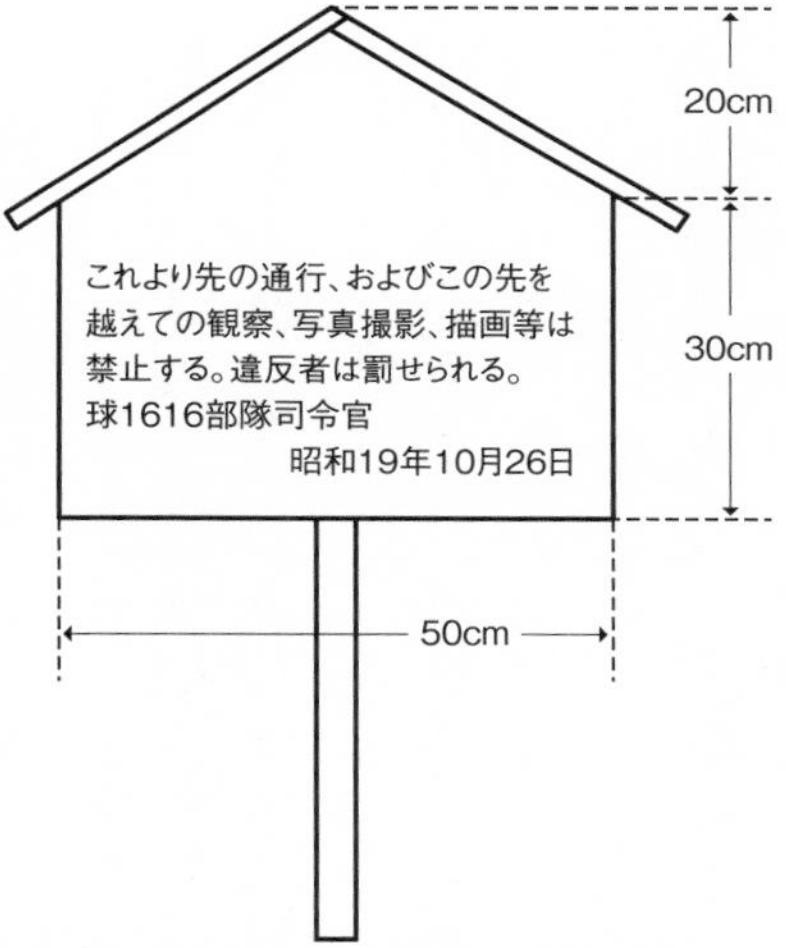

20cm
30cm
50cm
これより先の通行、およびこの先を越えての観察、写真撮影、描画等は禁止する。違反者は罰せられる。
球1616部隊司令官
昭和19年10月26日

防諜を呼びかける掲示板。原文は英語のため、日本語に訳してある。球1616部隊司令官は、牛島中将を指す。

NARA RG407 Box2955 WWⅡ Operation Reportsをもとに作成

また第24師団が作成した「防衛陣地における対敵諜報に関わる規

則」では、次のように指示している。

「秘匿すべきもの―陣地の進捗状況、位置、組織、装備及び防衛部隊の活動（移動も含む）、特に警報装置、対空砲、奇襲攻撃部隊[*27]」

これら軍事機密に関わる事項は、軍側でも細心の注意を払うとともに、民間人を一切防衛陣地に近づけさせない対策がとられた。

しかし沖縄での日本軍陣地作りは、住民地域や道路部にせり出し、住民の協力がなければ完成のできないものであった。三上智恵著『証言　沖縄スパイ戦史』（集英社新書、２０２０年）で詳述されているように、防諜の理由から軍部は、民間人に強い警戒心をいだいていたが、情報漏れは避けようもなかった。例えば5月10日、首里市近郊の平良町《たいらちょう》で米軍に捕まった首里出身の住民（男　56歳）は、捕虜尋問のとき、こう述べている。

「地元の赤田町《あかたちょう》の虎頭山《とらじやま》（現在は虎頭公園）には、対空砲が据えられ、そこから軍は数回砲撃した。この地域すべては、民間人には立ち入り禁止であった[*28]」

しかし機密地帯であっても地元住民は、そこが何の基地なのか、うすうす勘づいていたのである。

こうして首里城一帯は、軍の最高機密地帯として立ち入りが制限され、陣地が民間地に接触するような場合には、遮蔽物を作り、防諜幕を張るなどして徹底した民間人排除が行なわれた。こうした機密対策が功を奏したのか、戦後になっても地下司令部壕について民間人からの証言は、ほとんどなかった。

9 首里市――不安と混乱の中で

1944年も暮れに入ると、首里地区一帯は、ほぼ戒厳状態にあった。軍部は、師範学校をはじめ県立首里高等女学校、国民学校を借り上げ、大きな民家は将校宿舎、将校倶楽部、慰安所として接収した。街は、軍人であふれ、傍若無人の振る舞いが目立ったという。1945年1月1日には、長参謀長の時局講演会が首里市役所で開かれ、これには仲吉市長をはじめ、職員、市会議員、町内会長、学校長などが参列した。そのとき長参謀長は、大型の世界地図を背にしてこう述べた。

「アメリカ軍は必ず沖縄を衝《つ》く、その時は二月下旬か遅くとも三月上旬だ。しかし、首里市民は心配することはない。ここには大日本帝国陸軍の精鋭第32軍がいる。それに取って置きの新兵器もある。よって絶対に市民のみなさんにはご迷惑はかけない[*29]」

長参謀長発言は、当日集まった首里の人々に大きな不安と動揺とを与えた。ちょうどこの日、朝の9時に1機のB-29が沖縄本島に出現し、1時間の偵察飛行を行ない立ち去っている。県内の神社・仏閣では、大晦日《おおみそか》夜から正月早朝、兵士や県民が押しかけ大盛況であったが、突如空襲警報が鳴り響き、混乱の中に新年が明けた。長参謀長の敵の来襲は避けられぬという講話は、またたく間に県内に広がり、沖縄を離れようとする風潮が一段と高まった。1月3日にも米艦載機の飛行場攻撃があり、沖縄地上戦は目前に迫っていた。

1945年3月になっても、まだ首里城地下司令部壕をはじめ、辺り一帯の壕建設が急ピッチで進んでいた。次章では、米軍がいかに第32軍地下司令部壕を攻略したかについて、英文記録を中心に明らかにしたい。

軍地下司令部壕作戦

『インテリジェンス・モノグラフ Part II』表紙。

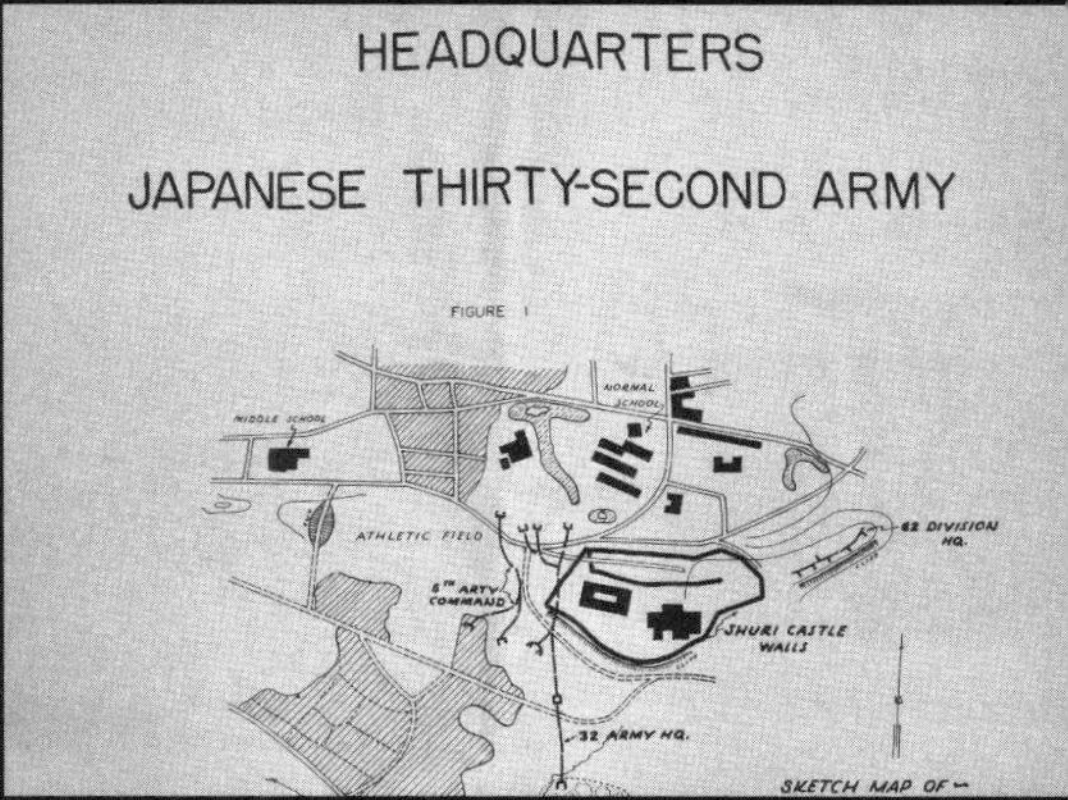

米軍による日本軍第32軍地下司令部壕のスケッチ。

1　首里城攻撃の中止要請

1945年3月24日。

「偵察機による確認では、それまでに（首里一帯の）建物の損傷は確認できなかった。3回目の一斉砲撃後、射撃は偵察機のアル・オリバー中佐により、古ぼけた建物の要塞（首里城）と思われる場所に移った。偵察機のオリバー中佐は、『火砲にさらされているあの建物群を残すよう頼む。病院として使われているか、もしくはある種の宗教的な建物としてあるのかはっきりしない。450メートル以下の高度で、建物に最初に一斉射撃を行なったとき、数人の女性と子どもたちがその場所から走って逃げ出すのがはっきり見えた』と回想している。そこは、沖縄の地上部隊に対する主要司令部のある首里城であることが判明した」[*1]

第二次世界大戦下、米軍では航空部隊に対し、歴史的建造物や病院、傷病者用の病棟は、攻撃目標から外すよう指示を出していた。オリバー中佐は、「古ぼけた建物の要塞」としてある首里城を、「病院、もしくは宗教的建物」とみなし、砲撃を控えるよう要請し、結果的に首里城は、米軍の第一次総攻撃が行なわれる4月18日まで、無傷のまま残ることになった。

さて、オリバー中佐の報告の真偽を確かめるため、その日のうちに戦艦ノースカロライナは調査を行ない、そこは主要司令部が置かれた首里城であると判定した。また、同日の「アクション・レポート」には、観測機が撮影した首里城の航空写真も添付されている。

一方、偵察機が飛行中、数人の女性と子どもたちが走って逃げ出すのが見えたというが、このとき首里城内には複数の自然洞窟や、市民１００人以上が避難できる「竹林壕」と呼ばれる大型の壕もあった。さらに壕に入り切れない民間人は、城壁の隙間に逃げ込んだりしていた。オリバー中佐が目視した民間人は、学校施設にでも隠れていたのだろうが、子どもたちの行動が目に留まり、一時的にせよ首里城への攻撃を先延ばしするのに一役買ったようだ。

戦艦ノースカロライナに届けられた首里城周囲の航空写真。
出典／Battleship NC, "Battle of Okinawa", Action Report, 1945年3月24日

一方、米第10軍情報部は、首里城一帯に重要軍事建造物があり、第32軍司令部が首里城にあることは沖縄戦の前から実は分かっていたという。次章で詳

しく紹介するが、沖縄戦が終了した8月に出された『インテリジェンス・モノグラフ（Intelligence Monograph）』（報告書）は、具体的にこう述べている。

「沖縄作戦開始前から、第32軍司令部は首里城か、もしくはその近辺に布陣しているのはわかっていた。この神々しい建築群は、小都市首里にわずかに占める南端台地に位置し、旧琉球国王の居城であった。（中略）作戦開始後の捕虜尋問と記録によれば、第32軍司令部は、首里城台地下を走る精巧な地下坑道に布陣していたことが明らかになった」[*2]

米第10軍が日本軍司令部の位置をつかんだのは、日本軍が発信した暗号電の解読を通してである。米軍が南西諸島の日本軍電文を傍受 - 解読し始めたのは、1944年3月の第32軍創設にまでさかのぼる。その後ハワイの情報部を中心に、第32軍関連暗号電を追い続け、ついには連合艦隊司令部が1945年3月25日に沖縄海軍根拠地隊に打電した「我が（海軍の）砲撃部隊は、敵が陸上陣地に到達するまで米舟艇を砲撃してはならず」[*3]との電文まで解読している。これは、米軍が沖縄に上陸しても反撃してはならないと指示した海軍最高レベルの暗号電であった。

もちろん米軍側は上陸時、日本軍の無抵抗方針が分かっていても、総勢18万人に及ぶ沖縄上陸作戦を用意周到に決行した。暗号解読の秘策は、それが解読されていることを絶対に敵に気づかせず優位に行動に移すことである。米第10軍司令部は、沖縄作戦開始前から第32軍司令部位置や日本軍作戦を知悉《ちしつ》していても、それを上陸部隊や航空部隊に通報することはなく、そのため米第58機動部隊や艦載機は、独自の判断で文化施設と目される首里城への艦砲射撃や機銃掃射を回避したのであろう。

2　米軍による沖縄調査と首里城の保護

首里城は、うっそうと茂る樹木に囲まれた高台にあった。ハワイ・オアフ島に司令部を置く米第10軍は、1945年春に予定されている沖縄侵攻のために大至急情報収集を開始した。ただし沖縄の地形に関する情報が集まらず、古い出版物から情報を得て、さらに航空写真で不足分を補った。また米工兵隊は、作戦地に関する立体モデル（ジオラマ）を作成し、その中には精度の高い首里城・首里高地の立体モデルも含まれていた。米第10軍では「そこ（首里城一帯）では、最も強力に建築物が守られているに違いない」[*4]としつつ、1944年10月以来、首里地区の特別監視活動を続けていた。

これとともに米軍は、沖縄侵攻と同時に始まる民間人統治、いわゆる軍政施行のための報告書を出している。これは、米海軍省の作成になるもので『民事ハンドブック　琉球列島』（1

944年11月刊行）と呼ばれた。その中で首里は、単に行政区分の市として分類されているだけだ。

「王府の古城が高台にあり、市全体を見おろしている。その北側には有名な円覚寺や市役所があり、周辺には多数の歴史的・宗教的建築物がある」[*5]

貼付された図録に、首里城正殿の写真が掲載されている。

次いで沖縄侵攻作戦の全体像を示した『第10軍作戦　アイスバーグ作戦』（1945年1月6日策定）の中で、首里地区内の攻撃目標を定めているが、首里城は攻撃目標と回避すべき対象のどちらにも入っていない。

ところが、『アイスバーグ作戦』を出した同じ日に軍政府関係者へ通達された「作戦指令第7号（略称ゴーパー）」には、「文化的な価値のある遺産や記念物は、軍事状況の許す限り保護され、保存される」[*6]と指示している。

これとほぼ同様な文言が、1945年3月1日に公布された「ニミッツ（最終）指令」にも記載されている。この考えは、第二次世界大戦レベルで言われた一般命令と同じで、文化財の保護と自国軍隊による文化財の略奪を防ぐねらいもあった。

また、沖縄戦のさ中の1945年5月、米陸軍動員部隊司令部は、『日本の文化施設への爆撃制限』と題する手引書を作成している。手引書では、日本国内の重要文化施設などに対し、爆撃を制限すべきだとして一覧表が掲載されている。その中に首里城も入っていた。[*7]

手引書が具体的にどのように活用されたかはっきりしないが、翻訳者の解説によれば、「戦時中に、日本の文化施設に対する考察がこの『手引き』のようになされていたということだけは事実」[*8]であると記載している。ただし、第1章で述べた通り、軍事施設が置かれた岡山城(岡山県)や広島城など、19か所の国宝・文化財が空襲や原爆などにより、首里城と同じく焼失しており、一概に手引書に基づき文化財が残されたとは言えまい。

かくして、1944年10月の「沖縄大空襲」から翌1945年4月までの約半年間、首里城は一度も攻撃を受けなかった。前年10月10日の空襲で作成された「攻撃目標地点 首里 第17」では、首里地区に重要な軍事施設があると結論づけたが、とりたてて首里城を「攻撃地点」や「爆撃制限」地区に指定してはいない。そうすると米軍は、首里城一帯に軍事的構築物があることを承知の上で、一時的に砲爆撃の回避地区に指定したといってよい。これは首里城地域が、沖縄で最も伝統的建築物の集合した場所であることと、第10軍が長期にわたり首里地区の追跡調査を行なった結果、ある程度の軍事的目安がついていたことと関係がありそうだ。

3　首里地区攻撃への米軍判断

米第10軍は、１９４４年10月10日の沖縄大空襲で、大掛かりな航空写真撮影に成功した。空撮をもとに、１９４４年11月には「攻撃目標地図（ターゲット・エリア）」を作成し、攻撃目標地点を示した「地理座標地図（グリッド・マップ）」を完成している。その結果、首里地区は、「攻撃目標地点　首里　第17」に入り、詳細な市街地地図も作成された。米軍が示した主要な建物は、次ページの表の通りである（註　地点番号は、地図上のポイントを表す）。説明文から、首里城は、08地点に含まれ、神社施設と一体化して記述されている。米軍が割り振った目標地図と番号をもとに、戦前の首里地区地図とを照合すると以下のようになる。

首里城周囲には、多数の無線塔と関連建屋が配置され、軍事的利用の推測もできたはずだ。この中で比較的分かりやすいポイントは、師範学校や国民学校の学校敷地である。また、沖縄放送局の送信塔は、首里市寒川町《さむかわちよう》と崎山町に建立されており、米軍の観測通り間違いない。分かりづらいポイントもあるが、米軍の分析に大きな過ちは見られない。

さて米軍の上空監視活動は、１９４５年に入ると一段と強化され、２月28日、この日もＢ－

地点番号	攻撃目標地点　首里　第17	該当地と考えられる地点
01	学校もしくは兵舎に可能な建物。	首里桃原町松山御殿辺り
02	2棟の大型ビル。	師範学校寄宿舎辺り
03	2基の無線塔、 塔の足元に6棟の小さな建屋がある。	弁が岳
04	7基のアンテナを含む 無線塔と2棟の小さな建屋。	運玉森
05	兵舎地区。 4棟の建物と小型の7棟の建物。	県立工業学校
06	兵舎地区。 5棟の建物と小型の4棟の建物。	首里市役所、 沖縄師範学校
07	大型の内部で接続する4棟の建物で、 おそらく行政ビル。	首里第二国民学校
08	神社と民間人住居地区。 首里城、沖縄神社、市民会館を含む。	首里城一円
09	学校、もしくは2棟の直結する兵舎、 3棟の中型建物、9棟の小さな建物。	県立第一中学校
10	2基の無線塔。 3棟の中型建屋。	沖縄放送局、 送信塔（崎山）
11	2棟の兵舎となりうる建物。	御茶屋御殿辺り
12	2基の無線塔。 1棟のコンクリート製建屋。 大型建物と近接する8棟の建屋。	沖縄放送局、 送信塔（寒川）

CINCPAC-CINCPOA Bulletin No.161-44, 15 November 1944（沖縄県公文書館蔵）所載のInformation Bulletin Okinawa Gunto, p.101をもとに作成

29が沖縄に飛来し、首里城の真上から鮮明な写真を写した。日本兵の日記に、この日のことが書いてある。

「好天が続き、B－29が飛んで来る。空襲警報は発令ならず。みんなこれを『定期便』と呼んでいる。今日は、2機が飛来した」[*9]

日本軍は、「定期便」が来たなどとおもしろおかしく騒ぎ立てたが、この間米軍は、攻撃目標を定めるため鵜《う》の目鷹《たか》の目で空撮を行なっていたのである。日記の持ち主は、2月はじめに休養日を利用して必勝祈願をかね部隊全員で首里に向かうが、立ち入り制限が行われ、首里地区に入ることができず残念がっている。このとき首里は、軍機保護法上最大の規制と監視体制が敷かれ、元々の住民や陣地構築に動員された民間人を除き、自由に街中に入ることは許されなかった。

しかし首里上空は、全くの無警戒で、敵の目にさらされ続いたわけである。

さて、1944年10月段階で首里には、ごく一部の陣地しかなかったが、1945年3月には第32軍地下司令部壕の他、6つの日本軍壕が第32軍司令部壕を取り囲む形で配置された。また首里城から南に約1・3キロ離れた繁多川《はんたがわ》地区にも2つの海上部隊司令部が置かれ、海上作戦の全般的な命令を下していた。さらに周囲の高台には、電波塔、送信塔が敷設され、大本営や台湾の第10方面軍と交信を行なっていた。このとき首里は、全国でも有数の軍事要塞基地として機能していたのである。

4　米軍の沖縄上陸と首里市民の反応

4月1日、午前8時、ついに米陸軍・海兵隊が沖縄本島に上陸した。

このとき、米軍無線特派員が沖縄作戦の実況を録音しているので、その音声の内容を聞いてみることにしよう。

「ここ沖縄は、ニューヨークのロングアイランドの総面積よりもかなり小さな島です。これらの小さな島に、82万人もの人々（註　実際は60万人余）が押し込まれています。（中略）南西諸島の人々は、沖縄人と呼ばれ、彼らの先祖が誰であるかを正確に知る人は誰もいません。おそらく彼らは南日本に住んでいた多毛な人々でしょう。（中略）島には、マラリアとチフスがたくさん存在します。気候は高温で、蒸し暑いです[*10]」

ノックス特派員（軍曹）は、上陸作戦冒頭に沖縄の地理的状況を述べ、次いで米側から見た沖縄人を紹介している。米軍は、15年戦争で初めて日本領土に侵攻したわけだが、そこに住む人々が日本人であるか否かに強い関心をいだいていることが分かる。

同じころ、首里市儀保町《ぎぼちょう》の首里市壕には約1000人の市民が避難していた。4月1日、首里市壕に避難した市長以下、行政関係者や住民多数は、日本軍の予言通りに敵が上陸し、長参謀長が軍はこれを新型爆弾で全滅させるのだと意気込んだ。壕の中では、市民が拍手・喝さいして敵の上陸を迎えた。仲吉市長は、自身と市民の熱い反応をこう回顧している。

「(敵)上陸と共に回天動地の一大決戦が展開、沖縄戦は大勝利で終幕となり、苦しい壕生活も終わるはずだから、上陸を促す喊声《かんせい》も無理ではない。(中略)待ちに待ったアメリカ軍の上陸が始まったとの快報が来る」*11

仲吉市長は、敵の無血上陸に市民が歓声をあげたと言うが、その音頭をとったのは首里市当局であり、名の知られた者たちであったが、戦後、誰もそれを語ろうとしない。

一方米軍上陸のそのとき、第32軍司令部首脳は、地下司令部壕を出て首里市記念運動場に上り、その「爽快きわまりない夜明け」に驚嘆している。八原大佐らは、日本軍が選んだ選択に間違いないと太鼓判を押し、敵の上陸は「爽快」で、快適な気分だと感情をあらわにした。事実、ほとんどの日本兵も、相手に無血上陸をさせて敵をまな板にのせ、存分に料理するんだと意気込んでいた。また日本軍は、「土俵際のウッチャリ」「寄らば撃て」などという戦争標語を掲げ士気を高揚したが、現実は正反対であった。米軍に制空・制海権を握られ、負け犬の遠吠《とおぼ》えにも等しい反応であった。米軍上陸に歓声をあげ日本軍の勝利を称えた首里市民たちだが、その先には残酷な「首里落ち」が待っていた。

5　沖縄戦の開始と地下司令部壕への攻撃

①捕虜の証言と4月18日総攻撃

米軍情報部は、1945年4月1日段階で第32軍司令部の位置をつかんでいたが、実際に現地がどうなっているか不明であった。ところが上陸早々、日本軍を脱走した朝鮮出身兵士の情報暴露から首里の第32軍位置情報が明らかとなった。捕虜第1号となったのは、朝鮮籍の兵士である。同兵士は、東大を卒業後本土で召集を受け、沖縄の高射砲隊に派遣された。同兵士の所属する部隊は、首里城内に司令部を置く高射砲部隊へ移動することになり、3月28日、読谷山から首里に向かったが、その途中、部隊を脱走した。捕虜は、正規の日本兵であったが、「朝鮮人だとして虐待を受けていたので部隊を脱走した」[*12]と尋問官に述べている。このとき、捕虜は、第32軍司令部は首里にあると暴露した。これを受けて米第7師団情報部は、「高射砲部隊を脱走した朝鮮出身者の情報として、『第32軍司令部を含む首里付近は、日本軍の大規模な部隊が集中している』」[*13]とただちに第24軍団長に通報している。おそらく尋問とは別に、米軍情報部は独自に兵士を取り調べ、全般的な日本軍の陣地配置を確認したのだろう。

4月2日、捕虜情報に基づき、米情報部は首里城の航空偵察と写真撮影を行なった。この日の首里城写真が、どこにも損壊が見られない戦前最後の鮮明な写真となって今に残っている。

ところで米軍が沖縄本島に上陸した4月1日、米第10軍バックナー将軍以下、参謀たちは艦船に待機していた。4月3日、第10軍情報部のジョン・スチーブンス少佐は、地上戦闘の様子をG－3課（作戦課）から聞き出している。そのとき、作戦課のアンバーグ大佐は、「日本軍司令部は、首里にあると考えられる。ある民間人は、最近首里付近に部隊が結集したと報告している」[*14]と答えている。同様に米太平洋艦隊司令部でも4月3日、首里に司令部がある事実をつかんでいた。

「敵部隊の兵力は、首里の街を囲むように布陣しており、第32軍司令部も同位置にあると報告を受けた。この日本軍集結地に、艦砲と空爆を向けるべきだ」[*15]

さらに米第10軍情報部のニスト大佐は、4月8日の参謀会議において、「首里は攻撃の要衝で、主陣地はそこに位置している。（日本軍の）砲撃部隊も、首里の周囲に集中している」[*16]と発言している。

さて4月14日から4日間、米軍司令部は、前線部隊の兵士に一時的に攻撃休止を命じている。それは、4月19日に米軍第一次総攻撃を行なうための準備時間としたためである。反面これは、それまで首里城攻撃を控えてきた米軍が、本格的に首里城を攻撃するスタートとなった。4月15日、参謀会議の席上、首里地区への攻撃について情報部から詳しい説明がなされた。情報部は、オーバレイ（地図の上に目標などを示したもの）で捕虜情報に基づく第32軍司令部壕の概要説明を行なった。

「ウイバー大佐（情報部参謀）：1000から2500人ほどのジャップが、首里の『カスター将軍の最後の砦《とりで》』（註　1876年、カスター将軍と先住民との戦いの場所）に閉じこもっている。第32軍の位置について日本軍将校が言うには、そこは空爆のさ中、将軍たちが隠れるところだとのことだ。艦砲射撃は、現在手が一杯なので、（首里城攻撃は）空爆で行なうのがよいだろう」[*17]

こうして、米軍総攻撃にさきがけ首里城に対する空襲が決まり、作戦前日の17日、参謀会議でその内容が明らかにされた。

「4月17日　火曜日　参謀会議

明日7時15分、首里に航空機70機から90機でもって攻撃を仕掛ける予定。爆弾は、454キロ（1000ポンド）爆弾、遅滞ヒューズ使用。中には227キロ（500ポンド）爆弾も使用する。首里は、日本軍の防衛計画の変更に伴い、日本軍防衛の中枢となっている。砲兵、補給、軍司令部、師団司令部も首里にある」*18

報告では、地下司令部は洞窟とトンネル、各種地下施設とが組み合わさった蜂の巣であるとも述べられていることから、米軍としては地下司令部壕についてある程度の調べは済んでいたのだろう。

それではなぜ米軍は、総攻撃の予定より早く首里城攻撃を決めたのだろうか。

おそらくそれは、米軍の沖縄侵攻計画がうまく進まなかったからだろう。

沖縄に上陸後、米軍は北の本部半島と南部の宜野湾村を中心に、二手に分かれて日本軍と戦った。恩納岳《おんなだけ》を除き北部は、海兵隊が4月半ばに日本軍を制圧したが、中部では陸軍部隊が日本軍の抵抗に遭い、厳しい戦闘を繰り広げていた。とくに首里地区を中心とした日本軍の配備の中、容易に支配地域を拡大できなかった。

そこで米軍は、宜野湾村嘉数地区での戦闘と並行して、首里から南部にかけて大掛かりな航空作戦を行なうことを決めた。その最初の攻撃地が、日本軍司令部の置かれたことが確定的となった首里地区であったのである。しかも第32軍司令部は、地下司令部壕から前線に命令を出し続けており、日本軍の戦闘作戦を弱体化させる上でも何としても首里地区を叩く必要があった。

そこで総攻撃開始前に首里城を破壊する目的で、「ガラガラ蛇」軍団と異名を持つ海兵隊VMF-323飛行隊に爆撃攻撃が命じられた。同飛行隊は4月9日に沖縄に到着したばかりで、初の沖縄参戦であった。同飛行隊は、4月18日、ナパーム弾、ロケット弾を装備し、計画では首里南東の兵舎、境内周囲、及び首里城そのものを破壊することになっていた。さらに同日午後にも、別の攻撃隊が首里地区の無線塔及び首里東部の民家や秘匿されている日本軍輸送車を攻撃することになった。

さて、4月18日10時30分、ジェフ・ドロー少佐指揮のもと、4機の海兵隊F4U機が、227キロ爆弾、ロケット弾8個、懸吊架《けんちようか》625リットル（165ガロン）入りナパーム弾1個を装備し、読谷飛行場を離陸

米海兵隊航空隊の「ガラガラ蛇」軍団による首里城攻撃。機体下部に見えるのは、165ガロン入りナパーム弾。

出典／William Wolf, *Death Rattlers: Marine Squadron VMF-323 Over Okinawa,* Schiffer Military History, 1999, p.172

した。

「目標地は容易に識別された。（中略）その地点で最初にナパーム弾攻撃を行なうことにした。大規模な火災が目標地区の4つの中2箇所に発生した。（中略）また一度に8発のロケット弾を発射した。現場から離れた後に、兵舎や境内周囲に大きな穴があいているのが分かったが、それは爆発の跡ではなかった。

　次に滑空爆弾を投下した。（中略）上空300メートル地点で爆弾を投下した。爆撃の損傷程度は、少ないように思われたので、その後、目標地点に50口径散弾銃6000発を撃ち込んだ」[*19]

　海兵航空隊は、ナパーム弾やロケット弾により、首里城一帯の攻撃を行なったが、首里城そのものの大きなダメージはなく、爆発も炎上もしなかった。同日午後から海兵隊飛行隊は、首里東部の日本軍無線塔攻撃やその他の軍事的目標物に対する攻撃を行ない、首里城へのそれ以上の攻撃は、回避された。

　さて4月18日、首里市は米軍の集中的攻撃を受け、市民は近くの自然壕に退避し難を逃れた。このとき首里城下の竹林壕に避難していた民間人が、そのときの様子を記している。

「今日の攻撃で、首里城拝殿、第一国民学校、第二国民学校、県立第一中学校が全壊全焼した。

今や首里城一帯は、黒煙、火煙に包まれて、時々刻々に、地形、地物は変貌していた」[*20]
手記では、この日首里城拝殿は全壊全焼したという。また沖縄戦研究の第一人者の大田昌秀氏は、首里城が壊滅したのは、4月19日であると述べている。
「この日（19日）守備陣の本陣、首里は、139機の敵機によって猛爆撃を受け、首里王城の

1945年4月18日、米空母ホーネットの艦上爆撃機より撮影した空爆前の首里城。この時点でも、どこにも損壊の跡は見られない。

沖縄県平和祈念資料館友の会主催の平和学習フィールドワーク「首里城周辺の埋没した戦跡壕を巡る」2023年5月21日の資料より

4月18日に撮影されたもので、首里城正殿はほぼ無傷であるが、首里第一国民学校校舎や北殿の一部が、破壊されているのが分かる。

マッカーサー記念館

城壁もろとも（中略）由緒ある数々の国宝文化財が一瞬にして壊滅させられてしまった[*21]」

大田説は、米軍総攻撃の初日、4月19日に首里城は炎上したと記している。

首里城の崩壊を目にしたとする証言が複数件あり、証言を重ねると首里城陥落は、4月18日から19日になりそうだ。しかし、当日首里城を攻撃したVMF－323部隊の戦闘報告書では、首里城の壊滅には至らなかったことが判明し、さらに4月28日撮影された空撮でも、写真中央上部に小さく首里城正殿が写っていることが判明している。こうしたことから、基本的に4月18日及び19日の米軍大攻勢の空襲でも首里城は崩壊を免れたと言える。


かくして米第10軍は、首里城や文化財などの破壊作戦に移行したが、これについて沖縄戦研究家のコートニー・A・ショート氏は、こう論じている。

「軍の命令は、沖縄の文化の保全を指示していた。具体的に軍政府の行動に関する第10軍命令は、文化的遺産と建造物の保護を指示していた。しかし戦闘は、回避できないダメージを与えてしまった。沖縄人にとり歴史的・文化的に貴重な遺産であるにもかかわらず、軍事的理由から完全な破壊を被ってしまった。第32軍司令部は、首里城地下に頑強に築城されていたので、米軍としては、古代の琉球王国の城を破壊する以外に選択肢はなかったのである[*22]」

コートニー説では、いかに文化遺産に対する軍事行動の回避が謳《うた》われようとも、実際の戦場にあっては軍そのものの作戦が最優先されることになる。それが「古代の琉球王国の城を破壊する以外に選択肢はなかった」ことを証明したことになる。事実、戦争には通常社会の法理はないわけで、戦争だからという言葉を被せれば、どんな破壊でも正当化されるわけである。

②4月28日—29日　首里城の消滅

4月29日、第32軍地下司令部壕において赤飯や「戦勝饅頭《まんじゅう》」、酒などが配られ天長節（昭和天皇誕生日）が執り行なわれた。ところが天長節の祭事を邪魔立てするかのように米軍は、第二次総攻撃を決行した。日本軍側では、天皇誕生日に合わせて連合艦隊が到来するとか航空部隊が大挙して沖縄に押し寄せ米軍を壊滅させるといった「願望デマ」が飛び交い、軍も民間人もひたすら天長節を待ち望んでいることもあり、これを察知していた米軍が大攻勢を仕掛けたわけである。

このときの日本軍デマについては、浦添村城間《ぐすくま》地区の守備につき、4月28日、米軍の火炎放射器攻撃を受けて捕虜となった野戦高射砲通信兵が、次のように述べている。

「4月20日、将校が大本営から受信した情報によると、4月29日は、天皇誕生日にあたり日本軍連合艦隊と内外から到来する航空諸部隊が沖縄守備軍と共同し、敵軍を殲滅《せんめつ》することになっている。第24師団からの増援と連合艦隊とでもって明日まで持ちこたえよと将校は皆を叱咤《しった》激励した*[23]」

「明日まで持ちこたえよ」と言われた陸軍2等兵は、電話手であり、機密に関わる多くの情報を持っていると思われる。このときの情報は、天皇誕生日とも重なり、兵士らは何の疑問もなくそれを受け入れていた。

一方米軍は、沖縄攻略について、頭を悩ませていた。

4月28日、第10軍情報部長のエリー大佐は、記者会見を開き、海兵隊パイロットから直接地下に潜んだ日本軍攻略の困難さを説明させた。

「4月28日　記者会見

日本軍に、ロケット爆弾や反跳爆弾（註　攻撃目標地手前に爆弾を投下、爆弾を地上低く跳ねさせて目標物に接近させ、命中・破壊する爆撃法）を使うのは難しい。（中略）那覇は、完璧に破壊されたように見える。また首里は、ほぼ平らになっている。上から見る限り、動くものは何も見えない*[24]」

この日の記者会見での海兵隊パイロットの情報によれば、「首里は、ほぼ平らになっている」ということから、首里市街地はほぼ消滅していたようだ。しかし、地下司令部壕からは、引き続き戦闘命令が出され、第32軍司令部は依然として安泰なことが分かっていた。

なお、4月28日の米軍写真撮影によると、首里城は依然として倒壊を免れている。そうすると、首里城崩壊日は29日ともなりそうだ。

もう一つ米軍にとり空からの重要な沖縄作戦が、4月29日に行なわれた。同日の参謀会議で情報部が、「我々は、本日ヒロヒト誕生日に合わせ宣伝新聞を撒布《さんぷ》した。本島南部一帯に、新聞を撒布した」[25]と報告している。

天長節に合わせて米軍の情報機関紙「琉球週報」第1号が撒布されたが、その理由を5月1日の記者会見で、バックナー将軍自らが語っている。

「5月1日　記者会見　バックナー中将

敵は、いい場所（首里城地下）を得て、じっとそこに閉じこもろうと目論《もくろ》んでいる。本土にいる日本軍が、沖縄の部隊を支援できるとでも考えていたようだが、それは不可能なことだ。（中略）現在我々は、金をかけた分だけ、一人でも多くの日本兵

1945年4月7日、揚陸指揮艦エルドラドから小型艇に乗り込むバックナー陸軍中将。

沖縄県公文書館

を殺そうとしている。（中略）首里陣地は、主要な攻撃目標である。（中略）捕虜情報によれば、日本軍は首里で頑強に抵抗を続けるようだ。そこは、複郭陣地となっており、（他の戦場と）連結している。首里は、狭隘《きょうあい》な陣地を維持できる良くできた最後の防衛壕である。そのため我々には、3個師団以上の兵力が必要となろう*26」

バックナー将軍の発言の中にある捕虜情報とは、4月28日に従軍看護婦と共に自主投降した第62師団配下の機関銃中隊長の尋問から得られたものである。中隊長は、沖縄戦の行く手に勝利の希望はなく、あたら兵士や民間人が戦死していくと怒りを込めて米軍に述べている。尋問の中で、日本軍は今後どう戦うのかと問われ、機関銃中隊長はこう答えている。

「米軍の攻撃を食い止めるため、那覇―首里―与那原線に沿ってあらゆる戦いが繰り広げられているが、もはや大規模な反撃は予定されていない。もし、この線が破られれば、すべての組織的戦闘は終わりを告げ、後は孤立した陣地からの抵抗に終わるだろう*27」

さらにバックナー将軍は、本土側が沖縄の支援のため特攻機や海上支援を試みているが、「島の外部から支援することは不可能だと沖縄側に知らせた」とあり、その具体的方法が「琉球週報」の撒布であった。

それでは実際に首里城はいつ潰えてしまったかの検討が必要となろう。本テーマについて一つの答えを出している研究者に下郡剛《しもごおりたけし》(沖縄工業高等専門学校准教授)氏がいる。同氏は、「首里城炎上の直接的な原因を爆撃と限定することはできないが、首里城は4月28日の米軍の攻撃によって、出火・延焼し、焼失したとの結論に至らざるをえない」[*28]と記している。その根拠に、証言や独自の写真解析を挙げている。

これに対し、首里城は4月29日に燃えたという証言も残っている。4月29日の「天長節」当日、1人の少年が、首里市平良にて「首里城付近から炎が上がっているのを目撃しました」と証言している。[*29]本証言で重要なことは、少年の記憶が「天長節」という国家的祭事に直結していることである。これは「記念日記憶」と呼ばれるもので、出来事の内容とともに、それを経験したときの付帯情報が長く保たれる記憶である。他方、当時沖縄県立第二中学校5年生(18歳)であった岩本兼一氏の日記も残っている。

「四月二十九日、曇

夜半から夜明けにかけて前線の砲撃激しい。安里《あさと》、浦添、首里後方の山々は一面、炎と煙で明るい。(中略)

五月一日、雲多く時々俄雨《にわかあめ》

首里周辺猛爆撃[*30]」

岩本兼一氏の日記では、首里一帯は4月28日夜半から29日の明け方まで爆撃が続いたことになっている。

以上をまとめると、首里城の上物（城部分）が最終的に焼失したのは、4月28日から4月29日であるとみなされる。4月27日、首里にいる避難民に島尻方面への退去命令が出て、翌28日、家族6人で首里を発《た》った民間人が、手帳にこう書いている。

「4月28日

島尻に行くようにとの警察官の指示を確かめた。午後6時、首里を発つ。依然として空襲は、激しい[*31]」

確かにこれからすると、4月28日夜半から米軍は、激しい空爆を首里地区に加えたことが判明する。それが翌29日まで続いたとするのは、「天長節」との関係から、当然あり得ることだ。米軍は、日本軍のデマや気勢を削《そ》ぐには、どうしても4月29日に上空からの宣伝ビラの配布と空爆をする必要があった。もしくは、最大限に時間的要素を加味し、首里城地上部分が崩壊したのは、4月28日から29日にかけてであったと判断してもいいかもしれない。

ちなみに4月29日の地下司令部壕の様子は、以下の通りである。

「4月29日の天長節の佳節《かせつ》を迎えた。絶え間なく降りしきる弾嵐、我が住家である軍司令部壕も昼夜を分かたぬ艦砲の砲撃で微震、強震の連続の波に襲われた。（中略）壕道の奥の方で、南《な》無《む》妙《みょう》法《ほう》蓮《れん》華《げ》経《きょう》の太鼓の音が響き始めた」[*32]

戦艦の主砲から発射された40センチ弾が、

1945年4月28日に米軍が撮影した首里城正殿と首里教会（矢印は米軍が記入）。首里城はいまだ崩壊を免れている。

出典／Roy E. Appleman et al., *Okinawa: The Last Battle,* Center of Military History, U.S. Army, 1948, p.399

地表の目標物に当たると2トン爆弾に相当するという。地下司令部壕にいると、地震のような大揺れが起こり、「頭から大ハンマーでぶち殴られたような衝撃と（中略）震動と共に、胸ぐらを両手でつかまれ急にぐいと押された時のような強い爆風のショックが全身を襲う」[*33]と第32軍参謀の西野弘二少佐は、書いている。

米軍攻撃の様子は、伝声管を通じて壕内に伝わり、空気は濁り、薄明りの電灯の下で将兵らは東に向かい、起立し皇居を遥拝《ようはい》したという。

ところで上の写真は、4月28日、首里高地を中心とする遠景写真である。写真上部右側の矢印には、入母屋様式の屋根が遠目に見えるが、これは首里城正殿屋根である、その左側の矢印は首里教会である。この日の写真から、首里城はいまだ崩壊を免れているのが判明する。

これは余談だが、沖縄戦下米軍が、首里地区の重要文化財を守るため、非戦闘地域にしたいと日本軍に申し入れたという話がある。*34 それを拒否されたので米軍は、5月17日の後から三日三晩首里城を砲爆撃したということである。しかし米軍記録と照合すると、米軍が首里地区を非戦闘地域にしたいと申し入れた事実はなく、ましてや日本軍の首里退去を勧告するなどはあり得ない。米軍は、首里にて戦闘を終了させることに全精力を傾けており、しかも4月末段階で首里城は、消滅していたのである。

6 1945年5月 首里城城砦の破壊

さて、1945年4月末に首里城は破壊されたが、城砦部分はその姿を留めていた。月のクレーター化した首里城跡の岩下には、依然として第32軍司令部が陣取っていた。米軍情報部では、頑強な司令部の様子を従軍記者に向け説明を行なっている。

「琉球列島の王族の城であった古都首里には、陸海空より550トン以上の弾薬が撃ち込まれた。高台に囲まれた城郭内の建物は全て破壊したが、厚さ5フィート（約1・5メートル）の城壁は未《いま》だに姿をとどめている。観測機が、城の周りに多くの横穴を発見した。壁は30から40フィート（約9から12メートル）の高さで、艦砲弾が当ってもゴムまりのように跳ね返った*35」艦砲弾が当たっても弾《はじ》かれてしまう城壁の破壊に、ついに戦艦が任務についた。5月17日と同18日の2日間、「戦艦コロラドが、首里市街地を艦砲射撃中*36」と記者団に伝えられた。戦艦

戦艦コロラドによる艦砲射撃後の首里城。1945年5月18日。

出典／「空中写真にみる沖縄のかたち」沖縄県公文書館 (https://www.archives.pref.okinawa.jp/event_information/past_exhibitions/10450)

首里城要塞に艦砲射撃を行なった戦艦コロラド。

出典／USS Colorado (BB-45), 1923-1959 (https://www.history.navy.mil/content/history/nhhc/our-collections/photography/us-navy-ships/battleships/colorado-bb-45.html)

コロラドは、40センチ砲弾を連続して発射できる8門の砲塔を装備し、その性能は1トンの砲弾を30キロ先まで届けることができ、45センチの装甲を貫通させる威力があった。

5月18日撮影の艦砲射撃後の首里城台地跡の写真が残っている。白い部分には、何も写っておらず、剝き出しの灰白色の台地に変わっている。断崖部の城砦に対し戦艦コロラドは、1トン砲弾を落とした。同艦は、終日首里城を攻撃したとあるので、その間隙をぬって戦果確認のために空母観測機が写真を撮影したのだろう。なお、首里城一帯には、護衛空母サンティから発進した艦載機も、5月13日、同16日、24日にかけ空爆攻撃を行なっている。

さて、戦艦コロラドは、5月22日、任務完了でフィリピン・レイテ島に帰還することになった。これに代わって、5月25日から同27日にかけて、戦艦ミシシッピが、305ミリ（12インチ）砲で、首里城の城砦攻撃を続けた。巨砲は城壁を壊し、城はついに瓦礫の山と化してしまった。首里地区だけで、野戦砲20万発、迫撃砲弾10万発以上が打ち込まれ、王宮や寺院などをはじめ、旧家も完全消滅してしまった。

ちなみに以下は、戦艦ミシシッピの首里城艦砲射撃の記録であるが、そのときの勝ち誇った様がうかがえる。

「1945年5月25日—27日　戦艦ミシシッピ

戦艦ミシシッピは、首里城壁破砕の特別任務を与えられた。これまで首里城壁は、砲撃はもちろんのこと艦砲射撃にも耐えてきた。そのため我々に対し、3日間にわたる砲撃でその任務を成し遂げるよう命令が下された。（中略）第77師団司令部の最終報告によれば、首里城は、現在米軍の手に落ち、瓦礫と化してしまったとのことだ。首里城は、唯一の最強陣地だがついに陥落させた。戦艦ミシシッピが敵に与えた圧倒的火砲が、これを可能にしたのだ[*37]」

米軍が城砦破壊作戦をとったのは、地下司令部に通じる地上のすべてのものを破壊し尽くし、一人たりとも壕内に潜り込ませない究極の攻撃であった。その作戦が、戦艦によって行なわれたのは異例なことだろう。

首里城及び首里市一円は、何世紀にもわたり人々の交易・交流を通して歴史に刻まれた重要な平和のシンボルであった。ところが沖縄戦にあって古都首里は、軍部の主導下に置かれ、終わってみれば歴史、文化、自然などが丸ごと消滅した一大廃墟《はいきょ》に変わってしまった。しかも辺り一面に散乱する戦死体に誰も手を触れることはできず、第32軍司令部以下の日本軍は、ほうほうの体で首里から脱出した。ここは、沖縄戦の中でも最悪の戦場であった。

7　民間人救出問題と首里地下司令部壕の制圧

首里の第32軍が、南部撤退を決定した5月22日、米参謀会議で民間人の救出作戦が議題に上った。このとき米軍は、南部には12万人から13万人の民間人がおり、民間人に対し日中は外に飛び出さないよう宣伝ビラを撒《ま》いていた。また、南部に退《さ》がる住民に対しては、なるべく白い衣服を着けて行動するよう呼び掛けてもいた。その中で参謀部が懸念したのは、民間人の扱いをどうするかであった。これについて総務担当参謀と作戦参謀との間で、認識にかなりの差があった。それがはっきりしたのが、5月22日の参謀会議である。会議では、G－1（総務担当）は、第32軍司令部に民間人救出のため、休戦を申し入れてはどうかと述べたが、作戦担当のG－3は、それに強く反対し、G－2（情報部）も同様な反対意見を述べた。

「G－3：我々は、日本軍に対し休戦や圧力を弱めるようないかなる提案にも反対する。首里陣地周囲を陥落させれば、同じことが達成できるわけだ。

G－2：我々は、首里陣地を陥落させる前に、日本軍に申し入れはしない」*38

バックナー将軍の意見は、「（交渉が成立すれば）ジャップは、我々にすべての劣った民間人を送りつけてくるだろうし、使用をしたり利用できる者は誰でも日本軍の手元に置いておくだろう。日本の民間人問題には、手を出さぬようにせよ」[*39]とのことであった。この日の参謀会議でのやり取りについて、バックナー中将は日記の中にごく手短に書きとめている。

「G－1とG－2から、我が軍が敵住民をわが陣地内に収容してはどうかと言ってきたが、却下した。住民に食べ物を与えるのは、やれるところまで日本軍にさせよ。（中略）日本軍は無益な者たちを我々に押しつけてきている」[*40]

バックナー中将の日記では、参謀会議でのG－2の発言の評価が異なるが、この日の会議でのやり取りは、かなり真剣なものであったことが分かる。

一方このとき、G－2とG－3では、日本軍の降伏を求める秘密交渉について参謀会議に提案している。

「G－2、G－3：我々は、首里包囲作戦を展開中である。日本軍司令官に対し、戦闘をやめ降伏するよう説得しようと計画している。

（1）日本軍司令官との秘密通信

（2）彼がそれを拒めば、犠牲の無意味さを日本兵に伝達する。司令官が依然として沈黙を決め込めば、日本軍の戦略的無線に呼び掛けるものとする。

バックナー：我々は、牛島《うしじま》（満《みつる》）が馬鹿なことを始める前に降伏させよう。こちらの弱音を見せるようなサインを出したくないが、期日を限定してこれを行なってもいいのではないか」[*41]

バックナー中将は、幕僚部が提案した住民救出のための一時休戦案は拒絶したが、日本軍の降伏を求める秘密交渉については前向きに受け止めていた。この時期、米軍情報部では、日本軍は司令部を移動するのか、あるいは敗北するまで首里で戦うのか全力を挙げて情報を収集していた。米軍にすれば、日本軍が撤退し新たな場所に司令部を構えればそれだけ戦線が拡大し、自軍の損害も多くなる懸念があり、首里地区で戦闘を終わらせることがベストと考えたのである。そのために降伏勧告書の準備も進めていたことが判明する。

8　首里城地下司令部壕の最後

①地下司令部壕からの日本軍の脱出

さて、1945年5月中旬から月末に至る米軍の徹底的な首里城砦の破壊攻撃は、日本軍を壕内に閉じ込める一大作戦であった。そのため米軍情報部は、日本軍の動きを24時間体制で監視していた。ただし米軍側でも、戦闘の最後をどうするか考えあぐねていた。

米軍参謀会議で民間人問題が話し合われた5月22日、首里城地下司令部壕内において、沖縄戦の今後を左右する首里城撤退の是非が論議されていた。第32軍高級参謀の八原大佐は、日本軍の総攻撃が失敗した5月4日後、司令部の玉砕の地をどこにするか研究を始めた。最初は、本土決戦を遅らせる戦術に知恵を絞ったが、米軍攻撃が首里近郊に及ぶにつれ、一日も早く地下司令部壕を脱出するには、どうすればいいかに傾いていった。

5月10日夜半、八原大佐は自室で赤、青チョークが入り混じった日米の戦闘地図を眺めていた。ふとそのとき、「首里高地を軍司令部の所在地としてではなく、主陣地帯上の一大拠点として見れば首里戦線は地形上なお相当長期にわたり命脈《めいみゃく》があるのだ。（中略）私はこの新たな戦線観に、形容すべからざる歓喜を覚え、自信力の湧き出るのを制することができなかった」[*42]と述べている。八原大佐の考えは、首里地下司令部壕で最後を迎えるのではなく、ここを南部後方につながる長い廊下の中間点とみなしたことだ。そうすると、南部への退却路がポッカリ空いており、それが摩文仁《まぶに》後退案であった。ただし同大佐の口から退却案を出すと、人望がない彼のこと、反対されるのは目に見えていた。そこで彼は、一計を案じ、若手参謀に撤退案を出させる一芝居を打った。5月22日、軍司令官の居室に隣接する軍参謀寝室で撤退案が協議された。各部隊参謀の意見の流れは、「喜屋武《きやん》半島後退案」が優勢であった。会議が終了した後、八原大佐は、長少将が近くにいないのを確かめ、参謀寝室に2人の参謀を呼びつけ、再び一芝居を打った。隣には牛島満中将が耳をそばだてて、事の成り行きを注視しているのを瞬時に見

牛島満第32軍司令官

出典／ウィキメディア・コモンズ

て取った。「『軍の最後の陣地は、喜屋武案でなければならぬ』と私は声を出した。その瞬間、（隣室にいる）司令官のあてどないような表情が、急に動いて嬉《うれ》しそうな顔つきに一変した。将軍は黙しておられるが、心ひそかにこの案を希望しておられるな、と推断し私はしめた！と心に喜んだ」[*43]。

戦いの帰趨《きすう》を決する重要な決断の際、軍師ともおぼしき八原大佐は決まって誰かの「嘲笑」や「微笑」を読み取っている。軍司令官にとり、最終地を決めるということは、死没地を決めることと同じで、一日でも生き永らえられることは無上の喜びであっただろう。そこには、やがて来る軍民の壮絶な死が待ち受けていたが、軍指導者らの脳裏には、南部撤退は「陣地転換」ほどの意味しかなく、特段住民について論議した様子はない。八原大佐にとってこの日の司令官の表情は、よほど印象に残ったのか、同大佐には珍しく「私はしめた！と心に喜んだ」と人間的な感情を放出している。一世一代の大芝居だったのだろうが、観客は誰もおらず、やがて来る悲劇の序章の幕が開いた。

こうして5月22日、牛島司令官は、喜屋武半島後退案を決心、5月27日の軍司令官の地下司令部壕出発をはじめとし29日までの1週間、なりふりかまわぬ人間模様が展開された。この間米軍砲撃で合同無線通信所が破壊され、無線は止まり、すべての命令は通達として各部隊に発出された。

「第32軍司令部通達

（退却作戦の間）絶対に話をしたり、タバコを吸ったり、明かりを点《つ》けたりしてはならず。計画は完膚無きまでに秘密にしておかなければならない」[*44]

首里撤退に際し、各部隊は前後の間隔を空け、「音を立てず、特に沈黙を保ち、絶対的な機密」を図るよう細かな注意がなされた。また、「許可なく戦場から逃亡した兵士に対し、これら（兵士には）、死罪をもって臨むべし」[*45]と牛島司令官名による命令も出ている。まるでこれは夜逃げ同然の日本軍退却であった。死霊が飛び立つかのように、重症者や足腰の立たぬ兵士らは、その場において毒殺や自裁を強いられた。

さて、第32軍司令官らの退却は、脱出日初日の5月27日午後7時ごろ、出口は第5坑道からだった。地下司令部壕内は、連日の艦砲射撃により坑道壁は崩れ、地鳴りがし、通路には汚水があふれていた。

第32軍地下司令部を脱出する最後の様子を、参謀の一人が記している。

「（南部に撤退する5月27日）壕の壁から水がしみ出してきたかと思うと、その内壕内に水が這《は》って流れ出した。壁が緩んで時々ガラガラと落ちてくる。十糎《センチ》、二十糎、三十糎、流れる水量は増すばかりだ。所々で上壁から滝のように水が噴流する。（中略）狭い壕を通行する人々は、ざぶざぶ水をかきたてながら行く。（第5坑道に行くのに）この急斜面を奔流《ほんりゅう》のように水が流れる。（中略）地下三十米《メートル》の壕は、地下水の排水溝の役目をしだした。笑えない悲劇だ[*46]」

梅雨の豪雨と暴風雨とにより壕内は水かさを増し、椅子や生活用具も坑道下に流れ出し、将兵らは無防備のまま土砂降りの中に突っ立っているようなものだった。自然を破壊して築城した第32軍地下司令部壕は、今まさに艦砲射撃と自然の力により崩れ去ろうとしていた。将兵らは、僅かばかりの携帯品や武器を持ち、命からがら地下司令部壕を立ち去った。

5月27日に壕を脱出した参謀は、首里の街についてこうも述べている。

「首里の町は跡形もなく廃墟と化した。家は形もなく壊れ果てている。ほのかな煙が、散乱する木片の塊の中からむらむらとあがる。（中略）数百年も経たであろう、鬱蒼《うっそう》たる大木も今は無残にも巨幹をもぎとられ、（中略）草木は全く生えていない。（中略）悲惨にも戦友の草むす屍《かばね》が折り重なって朽ちている[*47]」

司令部壕や自然だけでなく、人も朽ち果てあたり一面に死体が広がっていた。

またこの日、師範学徒隊員も首里城から脱出したが、首里方面から南部への退却路は、南風原にある2つの橋（一日橋《いちにちばし》、山川橋）か十字路を通らざるを得なかった。ここに兵や民間人が押しやられ、戦後、「死の橋」「死の十字路」とたとえられた。

「米軍はこの二つの橋に照準を合わせて、それこそ四六時中砲弾の雨を降らしていた。（中略）途中、るいるいと折り重なる屍体《したい》をふみわけて進んだり、幼い子どもや老人、負傷した兵が泥の中で助けを求めてすがりついてくるのであるが、どうすることもできなかった[*48]」と証言に記録されている。

これはまるで「前門の虎、後門の狼《おおかみ》」状況下での逃避行であった。

ところで、第32軍司令部が首里城地下司令部壕を脱出した5月27日、東京大空襲でほぼ焼け野原となった東京の中野地区で日本軍が沖縄で勝利したとの話が突如持ち上がった。このとき、人々は騒ぎ立て、万歳を叫び、国旗を立てたりなどしたという。この話を聞いた作家の伊藤整は、日記の中でこれが事実ならば胸が躍る快挙だとそのときの興奮を記している。反面、「帝都はことごとく灰燼《かいじん》に帰し、沖縄の敵の全面降伏という虚報が巷《ちまた》に飛ぶということは、何とも言えず不安なものを感ずる[*49]」とも書いている。そもそも沖縄戦勝利デマは、大本営が流し続けたもので、これに特攻隊攻撃や新兵器と呼ばれた人間ロケット爆弾「桜花」などの話で尾ひれがついて、荒廃した東京の街中で、デマとして飛び交ったのだろう。戦争で周囲がいかに悲惨であっても、ある状況を人が真実ととらえれば、信念にまで高められるものであることを実証したものである。こうして、沖縄戦の勝利を願う大衆は、何ら疑いもなく、デマに踊ったのである。

②戦艦の追撃

退避する日本軍や民間人に砲撃を加えたのは、戦艦ニューヨーク、重巡洋艦ニュー・オーリンズ、および軽巡洋艦ヴィンセネスであった。これら艦船は、5月25日から月末にかけて、首里や周辺町村から移動する人の群れに対し、第1海兵師団の要請を受けて砲弾を撃ち続けた。南下するには、南風原村一帯の一日橋や那覇近郊の真玉橋《まだんばし》などを越えねばならなかった。橋の手前で右往左往する民間人や兵士らを目掛け、艦船は休みなく巨弾を発射した。戦艦ニューヨークの迅速な艦砲射撃に対し第1海兵師団は、「砲撃要請から約1時間で、素早く発砲していただき感謝します。本当にいい仕事をしてくれました」[*50]と26日に感謝電を送っている。さらに翌27日には同じく第1海兵師団が、戦艦3隻に感謝電を打電している。[*51]ただし、同じ艦船でも重巡洋艦ニュー・オーリンズの反応は幾分違っていた。同艦の艦長は、退避行動で混雑を極める道路への攻撃には気が引けたようだが、「これは軍事的に必要だと考え、砲撃命令を下した。道路上の大量移動が最初に目撃された13分後、重巡洋艦ニュー・オーリンズの20センチ主砲が、ゆっくり進む日本軍の長い縦隊に向かって火を噴いた」[*52]。

米軍が攻撃をためらったのは、日本側が対米プロパガンダに利用した「米軍による民間人や兵士への大量虐殺行為」をここで立証することになるからである。また、退避行動の際、多くの者が白の装束であったからである。これについて米空中偵察隊は、「これらの人々は白い衣服を着けていたので兵士とは信じられなかった。事前に日本軍戦線後方に宣伝ビラを投下しており、白い衣服を着けている者は、民間人と認め、こうすれば機銃掃射や爆撃はしないと告げてあった」[*53]と述べている。仮にそうならば、巡洋艦などが白い服を着たいわゆる「民間人」が蝟集《いしゅう》している只中《ただなか》に長距離の大型艦砲射撃を行なうことは、国際法にもとる戦争犯罪で、大量虐殺の片棒を担いだことになる。一般の地上戦闘とは異なり、艦砲射撃による殺戮《さつりく》行為はその実体が分かりにくいものである。ただし戦艦ニューヨークなどの住民追撃は、地上部隊からの指示によるものであり、明らかに戦闘行為を越えたものである。沖縄戦において住民は、日米軍双方から法理や人倫もなく殺され続けたわけだ。

もっとも退却する日本兵からすれば、貴重な医薬品である包帯を身にまとうことと民間人に偽装することは、戦術上同じことだった。そのことは、5月30日未明、首里市崎山町の第62師団通信隊壕から脱出した一将校の言葉にも現れている。

「暗夜の（脱出）行動では先行兵の姿を見失うことを考え、医務室から貰《もら》い受けた包帯を利用、各人が『白たすき』をすることに決めた。また先行する兵士の名前を呼び合い、各人は必ず十数メートルの距離を保つこと。また万一受傷し、斃《たお》れても、状況上救助不能の場合は自決も止《や》むを得ない。（中略）数台の無線機が、十字鍬で叩き壊された」[*54]という。しかしそれでも米艦隊は、白衣を着けた「民間人」を撃ち続けた。なお、米軍の調査では、日本軍が退却行動をとった後の路上には、推計で1万5000人の民間人の死体が横たわっていたという。

ところで前線の米軍が、日本軍の撤退開始を把握したのは5月26日のことであった。この日だけで約5000人から6000人が移動中と、米軍偵察隊は報告しているが、米軍司令部は、26日の日本軍の行動を南北間の部隊移動とみなした。参謀会議でもG－2は、「我々は、大砲で多くの日本兵を殺さねばならぬ。戦艦は、終日16インチ砲で、首里城を砲撃し続けている。ブルース将軍は、『首里城にガソリン・パイプラインを敷くか』」[*55]と火責め攻撃を提案した。これは、生き埋めではなく、究極の地下の完全転圧・焼滅作戦であった。本計画は、日本軍が脱出したため実行には移されなかったが、首里に取りつくまでに米軍は、日本軍陣地や壕にガソリンを投入し、梱包《こんぽう》爆雷で陣地を破壊する究極の作戦を続けていた。本作戦について従軍記者が本国に次のように伝えている。

「残酷な戦闘が激化

（5月半ば、第1海兵師団は）首里の西にある尾根沿いに進み、日本軍に向けて『流油』作戦を展開中である。16人ずつの班に分かれた海兵隊員が、油の入ったドラム缶をロープで尾根の頂上まで引き上げ、そこから珊瑚《さんご》の断崖づたいに油を流し、手榴弾《しゅりゅうだん》で炎上させる。すると陣取っていた洞窟や尾根から日本兵が松明《たいまつ》のように燃えながら悲鳴を上げて飛び出し、そこで機関銃弾に倒されるのである」*56

また海兵隊は、民間人が隠れる壕にも「流油作戦」を行なっている。

本作戦に参加した一人の海兵隊が、80歳になりそのときの状況を書物に残した。

「我々は中に潜んでいるものすべてを殺すために、洞窟から洞窟をパトロールした。（中略）（洞窟にガソリンを注入すると）咳《せき》をしたり、泣き叫んだりして男、女、子供たちが飛び出てくる。彼らの目は焼けただれ、衣服は黄燐弾《おうりんだん》が燃え、衣服に付着し、消すことはできない。衣服をとおして、肉体や骨にまで火が達する。彼らが痛がる様子は、恐ろしいものであり、子供たちが負傷者となったときは特に恐ろしい光景だ。海兵隊は残酷にも（彼らを見ながら）くるったように笑いこける。子供が母親に抱きついて、リンを取り除こうとするのをみて笑っている」[*57]

証言を行なったジョセフ・ランチョッティ兵士は、こうも述べている。

「日本軍は、大きな洞窟（ケイブ）から口の開いた壕に民間人多数を放り出した。（ガソリンを投入すると）民間人が叫び声を上げている。彼らは、恐ろしさと痛みのために地べたをのたうち回っている。（中略）仲間の破壊野郎が私に（やめろと）叫んでいたが、私は女性の服に付いているリンを、ナイフでそぎ落としてやった」[*58]

油で焼かれ、松明のように燃えながら悲鳴をあげる日本兵を、海兵隊は機関銃で止《とど》めを刺すのである。また黄燐弾で焼かれた子どもや女性たちは、骨まで焦がし、地べたをのたうち回り苦しんだ。人が人でなくなったのではない。人間であるが故の残虐行為であった。

さて、バックナー将軍が、日本軍の撤退について、5月31日の参謀会議で意見を述べている。

「牛島は、首里から撤退する船に乗り遅れてしまった。牛島が別な戦線を構築することは、もう不可能だろう。（中略）彼の首里からの撤退の決断が2日間遅すぎたということだ。通信手段は最悪で壕がもぬけの空なので、時間をかけて日本軍は移動したのだろう」[*59]

また、6月15日には、こうも述べている。

「日本軍は、米軍の艦船すべてを沈めたと言っていたはずだ。それがなぜ、首里に陣取り南部に撤退したのか。日本軍は、わが軍の補給を食い止め、遊び半分我々を殺すと言っていたのではないか」*60

バックナー将軍は、日本軍が南部に撤退したことについて地団太を踏んでいたのである。この3日後の6月18日、バックナー将軍は戦死した。この日、バックナー将軍は沖縄戦に新たに投入された第2海兵師団第8海兵連隊の南部での作戦を視察中、日本軍の対戦車砲弾が近くに着弾し、その欠片《かけら》（一説には岩片）が左胸に当たり、戦死した。ユーモアを好む豪傑肌な軍人であった。バックナー将軍は、民間人に対する海兵隊の無分別な行動を厳しくいさめたが、日本兵は数多く殺せと命令していた。

日米の首里攻防は、約2カ月で日本軍司令部が攻め落とされたが、地下司令部壕の実際はどうなっていたのだろうか。次章では、日米の記録や証言から、壕の内部がどうなっていたかを明らかにしたい。

第3章
米軍が見た第32軍地下司令部壕

首里城で日本兵の死体を確認する米海兵隊兵士。
出典／Masahide Ota, *The Battle of Okinawa*, Kume Publishing Co., 1984

1　米海兵隊の首里城占領

ついに、1945（昭和20）年5月29日午前10時15分、第1海兵師団の1個中隊が首里城の西から南側に突入した。瓦礫の中で見たものは、日本兵の死体と首里城周囲の防衛に当たっていた50人弱の日本兵だけで、全員その場で殺された。首里城に取りついたのは、第5海兵連隊C中隊である。同中隊は、前日まで、1キロ先に首里高地が見える那覇市真嘉比《まかび》で日本軍と対峙していた。偵察によれば、日本軍の撤退が疑われ、首里地区南部には日本兵がいないとの情報が伝わった。そこで第1海兵隊師団長は、陸軍部隊と海兵隊の境界線を出し抜いて、第5海兵連隊に首里占領を命令した。元々首里城地区は、陸軍部隊の管轄であったが、これを聞いた海兵隊兵士らは、首里に行けば「金の延べ棒が見つかると思って興奮した」[*1]という。それまでにも海兵隊員たちの一部には、日本兵の金歯を抜き、それを小さな袋に入れて自分の資産として持ち歩く者がいたが、これで「自分たちは本当の金持ちになれると思った」[*2]とも話している。

第5海兵連隊は、日本軍の抵抗を受けることなく念願の首里城付近を占拠した。これに引き続き、その他の海兵隊連隊や大隊も首里城の西側から南を占領した。これは米第10軍にとり最大のニュースだったが、当日の参謀会議では、海兵隊が首里城を占拠できたのは、「日本軍が首里の北側と北東約1キロを死守しており、そこに多数の日本兵が必要となり、南側の防衛が手薄になったからだ」[*3]と海兵師団の快挙をそっけなく扱っている。第10軍司令部としては、軍の決まりを無視した海兵隊の突入行動を、快く思わなかったのだろう。もう一つは、この日海兵隊が、首里城台地の頂上に「南軍旗」を掲げたことに憤慨したからだ。実際にその日の行動を、「ニューヨーク・タイムズ」特派員のW・H・ローレンス記者がこう書いている。

「首里城、海兵隊が（5月29日）いとも容易に攻め落とす——

首里城要塞を確保した中隊が、日章旗掲揚塔の場所に、最初に南部連合旗を掲げた。（中略）かつて中国と向き合っていた美しい城は、完全に崩壊を遂げ、洞窟やトンネル構造の複雑な地下壕への主要な4つの入口も、吹き飛ばされている」[*4]

ローレンス記者は、首里城が「いとも容易に攻め落と」されたと書いているが、これは参謀会議で情報部が述べたように、日本軍守備が手薄となった首里城の西から回り込み、首里市金《きん》城《じょうちょう》町の第5坑道付近までを陥れるのに成功したということである。もう一つローレンス記者の記事で重要なことは、「地下壕への主要な4つの入口も、吹き飛ばされている」と述べた箇所である。地下司令部壕につながる坑道は5か所あることを米軍はつかんでいたが、そのうち

4か所は破壊され、残りの1か所の坑道入口は確保できたのだろう。それが、第5坑道入口であった。

第5坑道については、1945年5月12日に浦添村前田で捕虜になった第62師団の通信将校が、首里城地下司令部壕の攻略ポイントを米側に述べていた。

「捕虜は一月ほど前、首里の第32軍司令部を訪ねた。（中略）首里城の北側―南側には、（中略）8から10個ほどの坑道入口がある。（中略）捕虜は、首里陣地は首里の北から接近する場合、ここは日本軍最大の防衛陣地となっており難しい。出来るなら南から攻撃した方が攻略は容易だろう」と米軍に話した。投降した中尉は、自称東大卒で英語には堪能で、「サレンダー（surrender）」と言って浦添村前田にて自主投降している。くしくも海兵隊は、日本軍将校の証言通り、地下司令部壕の南を陥落したことになった。[*5]

さて首里地区に突入した第5連隊第1大隊A中隊は、そのまま首里城東側に回り込み、標高140メートルの城郭の東端に築かれた物見台に南部連合軍の旗を掲げている。海兵隊が首里城頂上に取りついたそのとき、瓦礫の上にいまだ日本の国旗が掲げられていたという。「海兵隊員はそれを降ろし、『誰か星条旗を持っているか』と尋ねた。しかし隊員は誰も旗を持っていなかった。そのとき、別の海兵隊員がヘルメットを脱いで前に出て、『国旗のようなものを持っている』と述べた。それは、兵士がヘルメットの中に入れていた南軍旗だった」[6]。
　そのときの旗の掲揚の様子が、写真に残っている。このときは、応急的な儀式であったのだろうが、南軍旗を掲げたことで偉大な戦士たちの歴史を汚してしまったと軍内部から大きな批判が浴びせられ、また第10軍の司令部内にもぎくしゃくした空気が流れた。このときバックナー将軍も、「世界中からやって来た米兵たちが、この戦いに参加しているのだ[7]」と心ない海兵隊の行為を批判した。そのため、翌30日、第1海兵師団長は、部隊に正式な米国旗を送り届け、国旗問題は一件落着した。

5月29日、首里城に最初に入った第1海兵師団兵士が、彼らのシンボルである南軍旗を掲げている。

出典／https://www.abbevilleinstitute.org/okinawa-confederate-flag/

　こうして海兵隊は、南軍旗を国旗に取り換え、5月30日の記者会見で、「13時45分、星条旗を首里城のジャップの旗竿《はたざお》に掲げた。日本軍の銃砲と狙撃が、その儀式の間も続いた[8]」と説明し、事なきを得た。ちなみに1945年2月23日、硫黄島の摺鉢山《すりばちやま》の頂に米海兵隊が星条旗を掲げた写真は、兵士たちの勇気と絆《きずな》を表現したものだと米国民に賞賛された。首里城の頂に掲げられた星条旗も、硫黄島のそれと同じく称えられるべきものがあったはずだが、第10軍司令部も米国メディアも特段国旗について触れたものはない。海兵隊は、首里城占領という千載一遇の英雄的評価を逃がしてしまった。

2　首里城地下司令部の調査

さて、海兵隊が首里地区に入った段階で、いまだ周囲には5000人もの日本軍部隊が布陣していた。首里城に星条旗が掲げられたときも、日本軍の狙撃が続き、師団斥候隊が、首里城南殿地点から学校校舎地点まで行ったが、ただちに追い払われてもいる。日本軍は、5月31日までに主要陣地から撤退したが、首里城地下司令部壕そのものは、軍司令部が撤退した後の5月27日から28日未明にかけ、第62師団工兵隊の手により坑道入口や壕中枢部、縦坑などが爆破された。とくに、第2坑道内の情報関連地区と壕内のインフラ施設が集中した第5坑道周囲が念入りに破壊された。さらに5月29日には、地下司令部壕に隣接している砲兵隊壕や工兵隊壕が、沖縄工業学徒らにより爆破されている。後で述べるが、ここには朝鮮人慰安婦もおり、壕の爆破と共に壕外に追い出され、同日に米軍に保護されている。

さて、米情報部はただちに地下司令部壕の調査を開始したが、地下司令部壕内に入る坑道入口は、第5坑口以外には見つからなかったようだ。やがて、地上から垂直に掘られた深さ33メートル余の「縦坑A」が見つかり、そこから下に降りて地下壕内への進入が可能となった。縦坑は2本あり、1本は地下壕中枢部に通じ、「縦坑B」は、第4坑道と第5坑口の中間で見つかった。

1945年6月、米情報部では第310敵情報隊の協力を得て地下司令部壕に入り、写真撮影を開始し、日本軍記録類の収集、関係書類の押収を行なった。そこで作成された情報の一部が、『インテリジェンス・モノグラフ』所載の「第32軍司令部首里洞窟配置図」(作成1945年8月)に掲載されている。モノグラフとは、作戦の重要事項について、「記録に基づく事実を説明したもので、特別作戦報告書、戦時日誌、日報等」[*9]を網羅したものである。これにさらに地図類や写真、イラスト、インタビューなども加え、第10軍情報部第1情報・戦史任務課の「戦史モノグラフ班」が作成している。ただし第32軍司令部壕のように大掛かりな地下司令部壕調査を行なうには、危険物や障害物の除去作業を行なうとともに、写真部員や敵装備班、さらに陸地測量員や土木技術者などが必要となり、第10軍情報部の指揮のもと、計画的・総合的な調査が行なわれたと考えられる。またこの調査では捕虜も入壕し、重要記録を押さえた上で図面が引かれたものと思われる。ちなみに第32軍司令官室の写真撮影は、1945年7月6日付となっていることから、実際の地下司令部壕内の調査は、6月から7月にまたがったようだ。

3　米軍が作成した日本軍第32軍地下司令部壕配置図

米軍作成の日本軍第32軍地下司令部壕配置図は、捕虜情報に基づき、5月上旬から中旬にかけての壕内図と考えられる。とくに海軍指揮官大田《おおた》實《みのる》少将が滞在した1945年5月10日から17日までと具体的に情報を盛り込んでいることから、情報を提供した者の中には大田少将に随行した海軍将校クラスの者がいたかもしれない。また、第32軍地下司令部壕内の第3坑口に接続する「接近坑道」は、「工兵隊壕」とも呼ばれ、第5砲兵司令部壕と共に作戦参加した独立工兵第66大隊が連絡坑道用に掘削した壕と考えられる。

4　第32軍地下司令部壕の内部

①第32軍司令官室

司令官室の大きさは、高さ約1・9メートル、幅1・25メートル、長さ約6メートル。

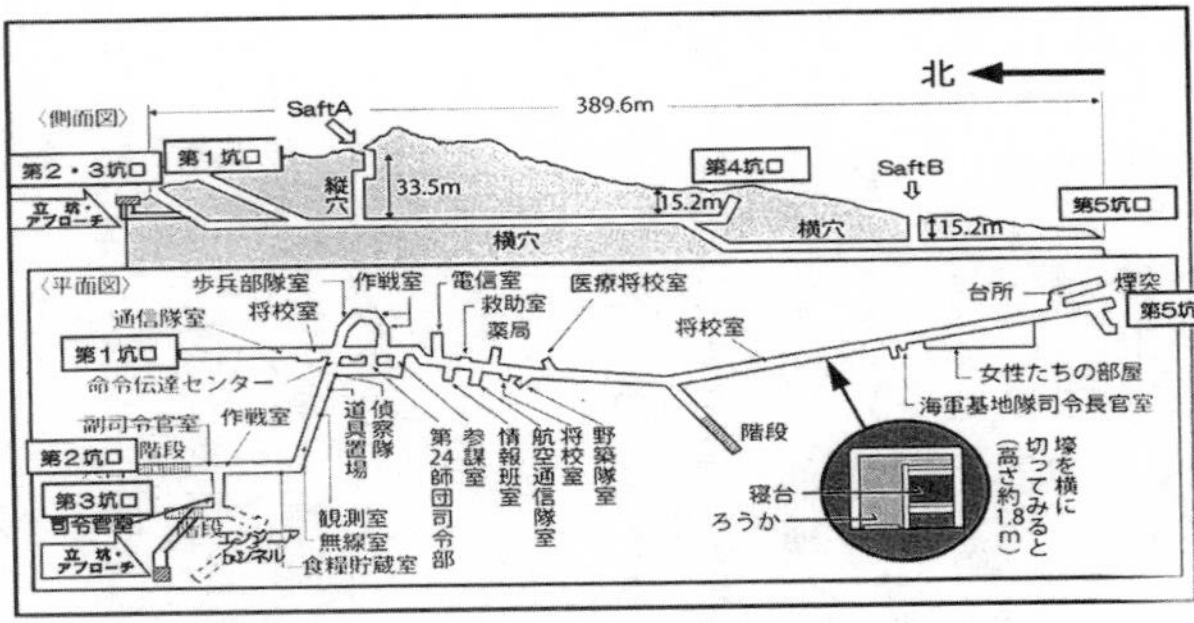

出典／福村俊治「沖縄戦の戦争遺跡 保存・公開の意味」2020年7月10日（https://sumai.okinawatimes.co.jp/commons/special/detail/11051）

部屋には、机と椅子が置かれている。支柱梁には小丸太が使われ、側壁には木板、天盤には間材が張られ、さらに漏水防止のためのブリキ板が張られている。

②独立混成第44旅団参謀室

通路右側は寝棚と呼ばれ、木材で補強された寝台用の棚が据えられている。整理棚も運び込まれており、参謀部の生活の様子がうかがわれる。天井梁には、縦横に張り巡らされた電話線、電気配線が見える。

③第32軍の情報・通信部隊作戦室

第32軍情報部と第24師団作戦室。ここには第32軍の情報・通信部隊が集結し、作戦の中枢部でもあった。中は、足の踏み場もないくらい散乱しているが、多数の事務機器が並び、あわただしかった作業の様子がうかがわれる。機密保全上からこの場所には、関係者以外誰も足を踏み入れることはできなかった。

5　衝撃の第5坑道――暗号書の捕獲

　さて、海兵隊の首里城突入とほぼ同時に第10軍情報分遣隊も現場に到着、第32軍司令部壕位置の発見に当たった。また、「戦利品漁《あさ》り屋たち（booty）が到着したので大急ぎで（彼らに）説明を行ない、そのおかげで1時間以内にセピア色の乱数表や陸軍暗号書5号、さらに現在も有効な日本軍の換字表を手に入れることが出来た[*10]」と述べている。また情報分遣隊が到着したときには、「地下司令部にあった日本陸軍の書類を焼却したあとと思われる焚《た》き火《び》が2ヵ所でくすぶっていた[*11]」との証言もある。そうすると米情報部は、第5海兵連隊C中隊が首里城跡に到着したその日のうちに、第5坑道付近から暗号書関連記録を入手したことが判明する。

　ここまで情報記録の捕獲を急いだのは、海兵隊員たちに重要記録が持ち去られるのではないかという恐れと、そこには重要な記録が残っているはずだとする強い確信があったからである。とくに情報部では、「上級司令部のような部屋で発見される資料の大部は、戦術的価値よりも戦略的重要性があるのは間違いない[*12]」と日本軍全体に関する情報の取得に期待を膨らませていた。確かに日本軍は、地下司令部壕を敵手に渡すまいと重要拠点の爆破措置を行なった。しかし、地下司令部壕から撤退するとき、重要記録類の焼却が間に合わず、その上さらに、作業の終わりまで焼却を見届けるはずの暗号将校が逃げ出してしまい、機密文書を敵に渡す致命的なミスを犯してしまった。その後、米第10軍情報部が地下司令部壕の第5坑口に到着し、炊事場付近から320点にも及ぶ軍事機密文書や暗号書類を入手した。記録類は、陸軍省から派遣された特別情報保全将校（SSO）が、沖縄で分類・整理し、6月28日から7月29日にかけて連日、ワシントンの暗号解析所に送った。これは、ビッグ・ニュースとなり、ワシントンの情報担当者は、部内で号外を出して狂喜した。*13 機密書類の中には、米軍が組織を挙げて解読に取り組んでいた「陸軍暗号書5号」やこれに付随する「乱数表　乙13」、さらに「区別符秘匿に関する規定」など、暗号の基本文書3点が入っていた。沖縄で入手した暗号関連文書は、ワシントンでただちにIBMコンピューター処理され、万全の策が講じられた。*14

ちなみに陸軍参謀本部編の『暗号教範』には、些細《ささい》な過失が全軍に及び、軍の運命も左右するので、暗号手は「身命を賭して保安をまっとうすべし*15」と書いてある。要は、命をかけて暗号書の安全を図れということである。とくに暗号書が敵に渡れば、「将兵の鮮血をもっても償い得ない悲惨事を招来*16」するものだと言われてもいる。

さらにまた暗号書と共に、袋に入ったままの機密書類が第32軍情報部の壁面背後にある側壁龕《がん》（niche）からも見つかっている。壁奥部は、奥行が12メートル（40フィート）と炊事場に次

第32軍情報部が位置した壁面背後にあるくぼみ。

出典／NARA RG407 Box2946 G-2 Intelligence Monograph PartⅣ

大量の機秘密文書が発見された第5坑道入口付近の炊事場。

出典／NARA RG407 Box2946 G-2 Intelligence Monograph PartⅡ

いで2番目に広い場所を占めており、常時歩哨《ほしょう》が立つ情報部専用の機密倉庫であった。

　ところでこのときの暗号書の収得には、後日談がある。戦時下日本の暗号解読に大きな貢献をした米暗号分析官のジョー・リチャードは、沖縄戦で米軍が入手した暗号書を契機に、日本全国の暗号が解読できるようになったという。やがてトルーマン大統領は、大きな決定をしたと次のように述べている。

「一九四五年六月、沖縄（作戦）関連のコードブック（暗号書）が（ろ獲され）復元されたおかげで、そのころ通信文の翻訳が（ワシントンの暗号解析部に）どんどん回ってきた。『その結果、日本本土への上陸攻撃にたいし、日本陸軍が徹底抗戦の準備を整えているという情報をとらえた。防衛計画は日本国民全てを巻き込む大規模なもので、連合国参謀本部は、

（硫黄島と沖縄での事例にもとづき）連合国軍側に100万人の死傷者が出ると予測した。それでトルーマンは原子爆弾を使用し（中略）たのではないか』」[*17]

100万人死亡説は、1947年に元陸軍長官ヘンリー・スチムソンが述べた数字である。このときスチムソン長官は、「日本上陸作戦などを行なえば、米軍だけでも100万人以上の死傷者が出ると知らされていた」（「ハーパーズ・マガジン」1947年2月号）と述べている。

仮にこの説が正しいとすれば、第32軍司令部は罪作りなことをしたことになる。沖縄戦を通し、虚偽情報を流し続けた第32軍情報部が本島南部に退散するとき、回復不可能な大きな過ちを起こしてしまったのである。沖縄戦スパイの元凶も、元を正せば暗号の露出にあり、米軍は暗号を解読し各戦闘で有利に戦いを進めたことが知られている。考えようによっては、第32軍司令部そのものが大罪を犯したことになる。

6　米国特派員の第32軍地下司令部壕潜入ルポ

さて現在のところ、実際に地下司令部壕に入り、潜入記を残しているのは2人しか見当たらない。1人は、「星条旗」（*The Stars and Stripes*）紙特派員のギル・ファインスタイン伍長《ごちょう》である。彼が、いつ司令部壕に入ったかは不明である。

「長い間眠りについた王たちの歴史的な遺宝と、破壊された那覇、首里の財宝と貴重品を見つけるため、兵士と沖縄の住民たちが、古代の王が居住していた城の地下75メートル（註　正しくは33メートル）にある古い地下壕内を探している。元首里博物館の隻眼《せきがん》の学芸員に案内され、陸軍と軍政府関係者は、宝物が隠されているのではないかと思われる閉じた部屋を開けた。（中略）壕の中には布製や籐《とう》製の家具があり、手の込んだ住居のようであった。壕全体に電線が張りめぐらされ、各部屋につながる電線が手がかりとなっている。（中略）今のところ調査したのは一区間のみである。軍当局は、この宝探しに雇用された沖縄の住民と兵士らが、どんな宝物を発見するのかを期待している*18」

ファインスタイン記者が地下司令部壕に入ったのは、地下30メートル余につながる縦坑Aからである。記事では、王たちの遺宝と破壊された首里の財宝と貴重品を入手するため、戦前の首里博物館学芸員が案内役となり、米軍や沖縄住民が探索に当たっている様子がうかがわれる。おそらく壕内に入った誰もが、王宮には幻の財宝が眠っていると想像したのだろう。また「宝物が隠されているのではないかと思われる閉じた部屋を開けた」と言うからには、沖縄戦開始前に地下司令部壕に移された財宝があったのかもしれない。記事では財宝の有無について特段の記述はない。

「ミネアポリス・モーニング・トリビューン」紙特派員のハーブ・ポール記者も、ファインスタイン記者と同時に第32軍地下司令部壕に入った。

地下司令部縦坑口から中に入る軍政府要員。

出典／「ミネアポリス・モーニング・トリビューン」紙（*The Minneapolis Morning Tribune*）1945年7月19日

「日本軍司令部があった地下壕入口を発見した時、我々は罠《わな》がしかけられているのではと警戒したが、縦坑を降りて最初の地点からさらにその下の縦坑に繋《つな》がっている坑道を見下ろすことが出来た。食糧保管庫あるいは軍事機密を探そうと、軍政府将校たちにより地下45メートル（150フィート）の坑道の更なる探索が行なわれた。鉱山技師を使って、坑道の別の出入口を探す予定である。首里城の宝物も、洞窟深く保管されていることも分かっている」[*19]

ポール記者の記事では、「鉱山技師を使って、坑道の別の出入口を探す予定である」と書かれていることから、米軍では、本格的調査の事前準備の様子を記者たちに取材させたようである。また記事は、「首里城の宝物も、洞窟深く保管されていることも分かっている」と、思わせぶりな書き方をしている。一方、壕内には、軍政府将校も入ったとあるので、民間人収容所で必要な食糧確保や廃材確保の目的もあったのだろう。

2本のルポで特異な点は、2人の記者の記事内容が微妙に異なることだ。「星条旗」紙の主な読者は、軍人や軍属、その家族であり、彼らを対象にした記事では「首里城内の財宝探し」という観点が明白だ。それに対し米国の地方紙「ミネアポリス・モーニング・トリビューン」紙では、民間人に向けた米軍政府の支援活動や地下司令部壕の探索が主な内容となっている。米国メディアへの紙面対応は、第10軍情報部が担っており、記事の作成に際して、軍人向けと民間人向けに何らかの操作が加えられたと見てよい。すなわち、軍人に対しては「記念品探し」の熱意を煽《あお》るような書き方をさせ、民間人向けには軍政府活動の一環であることが分かるような書き方が理解できる。

ところで地下司令部壕には、常時1000人以上の兵士らが棲息（生活）していたが、軍事史研究家のトマス・M・ヒューバー氏は、地下司令部壕全体を次のように分析している。

「地下司令部壕のすべての壁は、ノコギリで切られた厚板で覆われ、長方形の梁木で囲われていた。（中略）棲息所は、寝棚が坑道の片側に沿って縦に長く据えられていた。坑道の機能や空間は、戦艦と同様なレベルを持っていた」[*20]。さらにまた、「士気を高め、輝く30人の若き女性達が、壕内で仕事を続けていた。そのうち12人は日本人女性で、18人は沖縄人女性であった。全員の寝室は、地下壕最南端の女性棲息所に置かれていた。またここには、何人かの従軍慰安婦（comforts）も住んでいた」[*21]。

トマス・ヒューバー氏の指摘で特徴的なことは、生活場所として地下司令部壕を見ると、そこは長期生活を過ごす戦艦と同じ機能があったということである。また米軍では、地下壕最南端の第5坑口には女性棲息所があり、さらにその中に「従軍慰安婦」も住んでいたと判断していたことである。とくに女性たちの出身地を日本、沖縄、朝鮮半島に分けたのは、米軍の判断というよりは、壕内を案内した日本軍捕虜の考えに基づくもので、それを紹介したのであろう。

7　戦場「首里」の残映

首里地区の解放後、第10軍情報部に続いて現地に最も早く到着したのは、スタンレー・ベネット海軍中佐であった。ベネット中佐は、沖縄戦では海兵隊医療班の指導に当たるとともに、日本語が堪能なこともあり情報部将校として住民対策や医療計画に携わっていた。

6月1日、ベネット中佐は、第1海兵師団司令部から首里の司令部駐屯地に出向するよう連絡を受けた。その日の打ち合わせで、同中佐に日本軍医薬品や書籍など、いわゆる「戦利品」調査を行なうよう指示がなされた。翌日に首里城地下司令部壕の調査に入ることになり、ベネット中佐は、海兵隊員7人、爆弾処理係2人と共に、洞窟用照明を準備して出かける手筈《てはず》を整えた。ところがその日の午後になり、バックナー司令官の命令で、急遽《きゆうきよ》首里地区は入域禁止となり計画は中断してしまった。ベネット中佐一行が首里に入り、調査を行なうのは6月4日であった。

「(6月4日)首里一帯の尾根や丘陵には、数え切れないほどの砲弾の撃ち込まれた穴があり、傷痕が残っていた。あちこちに腐敗した敵の死体や、かなり前にやられた戦車が転がっていた。(中略)首里は酷《ひど》い状態だった。(中略)ブルドーザーが(戦場の残骸を)取り除いた場所以外では、岩石の欠片《かけら》がいたる所に飛び散っていた。(中略)街は見捨てられ、破壊されていた。そこにいたのは、道路修復中の友軍の工兵隊員たちのみであった*22」

結局ベネット中佐一行は、首里城地下司令部壕調査には入れなかったが、同中佐の首里の残

瓦礫をかきわけ、道を探す海兵隊員。5月30日。

出典／QPME: Battle of Okinawa, Marine Corps University Research Library (https://grc-usmcu.libguides.com/pme/qpme/battle-of-okinawa/images)

映は、腐敗した死体、瓦礫、残骸、そして岩石の欠片であった。古都首里は、見捨てられ、破壊された戦場地にしか過ぎなかったようだ。

一方、6月2日には情報部第1情報・戦史任務課のジョン・スチーブンス少佐ら3人が首里に入っている。この日は、豪雨で首里は完全な荒れ地となっていた。

「我々は、南西から西に曲がり込んだ道路を、最後までつき進んだ。多くの海兵隊員が土を掘り、快適に作り上げた塹壕が多数あった。そこで日本軍司令部が使っていたシボレー乗用車と中型戦車、さらにジャップの大砲の破片、おそらく75ミリ砲だと思うが見つけた。それらはまだ使える状態にあるように見えた[*23]」。結局、第1情報・戦史任務課でも地下司令部壕には入れなかった。
ジョン・スチーブンス少佐は、6月9日、改めてカブ機で上空から首里を観察している。
「我々は、首里防衛戦上の東へと飛行する。そこは草木一つなく、ほとんどが灰色の焦げた丘陵地で、完璧に砲弾で叩かれた台地である。(中略)首里は、南部へと連なる戦線中央に位置する黒ずんだ瓦礫の山だ」[*24]
首里の残映は、月のクレーター化した灰色と茶色の丘陵地で、また黒ずんだ瓦礫の山だともいう。一切の生命が消滅した、残酷な戦場地であった。
ハロルド・グローブ・モス技術曹長が、首里地区に入ったのは、6月11日のことだ。
「首里城には、いくつかの柱がまだ残っている。崩壊した首里城跡は、見るとすぐにギリシア遺跡を思い出させる。(中略)日本兵は、我々の生き方や生命観から見れば、全くの異質な生物(alien)に見えた」[*25]
モス曹長は、首里城跡に残る柱から、ギリシア遺跡を連想したようだ。アテネに残るアクロポリスの遺跡は、高台に石柱遺跡が並んでおり、同じように首里城高台には石段と柱の一部が連なって残されていた。そこで、首里城跡を古代ギリシアになぞらえたのかもしれない。

首里城は、琉球王朝の居城であり、明治時代から後は、沖縄県のシンボルとして崇《あが》められたものだ。しかしやがて首里城は、宗教的施設に変えられ、沖縄戦のときは軍事的中核の一部として位置づけられた。その残映を前にしてモス技術曹長は、アクロポリス遺跡群へと思いを飛ばしたのである。ただし首里城跡には歴史を示すものは何もなく、ただ過去への想像力が残っただけである。

また6月29日には、ジョーゼフ・ウォーレン・スチルウェル陸軍大将が首里地区を見学し、その感想を日記に書いている。同将軍は、第10軍司令官のバックナー中将が戦死し、その後任として司令官に就任し、戦勝式典を終えて首里城に回った。

「首里は、ヴェルダンによく似た酷さだ。非常に埃《ほこり》っぽい[*26]

（中略）道路工事は順調に進んでいる。」

崩壊した首里城頂上部に残る石段と柱の一部。8月19日。
出典／Stewart Sell (Ed), *Okinawa Diary: A Surgeon's View of the Battle of Okinawa*, Private Edition, 2018, p.74

この日の日記について、歴史家のニコラス・サランテークスは、将軍が首里の瓦礫の中で感じたのは、第一次世界大戦のフランス共和国内のヴェルダンを舞台に繰り広げられたドイツ軍とフランス軍の塹壕戦の惨状跡であると指摘している。このとき、両軍合わせて70万人以上の死傷者を出し、戦場跡には、死と絶望しか残らなかったとも言われている。米軍は首里を確保したものの、最高司令官の目に映ったのは、1917年に情報参謀として将軍が体験したフランスのヴェルダンの光景と同じであった。そこは、荒廃の限りを尽くした「勝利者側の戦場跡」であった。

8 首里城地下司令部壕の後始末

首里城地下司令部壕の解放について、米第10軍情報部は大きな関心を寄せたが、同様に米軍政府も強い関心を示した。米軍政府にとって、住民用食糧の確保と住居用建材の入手は、最大の課題であった。そのため軍政府では、サルベージ作戦と呼ぶ「廃品回収・更生」を行なっていた。首里の地下司令部壕跡にいち早く目をつけたのが、キャンプ・コザ（民間人収容所）に収容されている住民たちであった。キャンプ地では7月7日、定例村長（メィヤー）会議が開催され、首里でのサルベージ作戦の話が出た。これを受けて7月9日、収容所副所長が住民2

人を伴い、首里に向かった。

「レマンブル副所長、仲泊氏と共に首里に行く」[27]これは民間人と軍政府が首里でサルベージ（廃品回収）を行なったことをさしている。

本記録は、民間人の日記に書かれたものだが、残念ながら首里でいかなるサルベージ作戦を行なったかは記されていない。たぶん地下司令部壕には入れなかったものと思われる。

これとともに、米軍政府独自の首里地区への作戦も進んでいた。7月17日のジェームス・T・ワトキンス少佐の日記に、首里での出来事が書かれている。

「金曜日か土曜日（7月13日、14日）——私は、首里に残っていると言われていた印刷機を探しに、言語部の2人の将校と共に首里に出かけた。（中略）私は、首里の民家の瓦礫の中から陶磁器を探した。私の収集物に、幾つかを加えることができた」[28]

この時期米軍政府では、沖縄博物館の設置を目的に、首里地区から骨董品《こっとうひん》、陶磁器などの掘り出しを行なっていた。確かに旧王都の首里には、首里城をはじめ守礼門や円覚寺などの国宝があったが、米軍の砲爆撃によりほとんどの文化財が破壊を余儀なくされた。米軍政府では、これら史跡の中から残った文化財を探索・収集する作業を行ない、石造彫刻や建造物の破片、石碑などの収集を図った。もちろんこれには、戦後、米軍政府が設立する東恩納博物館のための文化財収集目的があり、さらにまた米兵の戦場漁りを防ぐ思惑もあった。

さて、この章では米軍側から見た地下司令部壕の実体を見てきたが、次章では日本側の記録を参照し、一体全体第32軍司令部壕は、沖縄戦でいかなる役割や戦争を行なったかについて考えたい。

にとっての地下司令部豪

1945年5月、崩れた城壁より、龍潭池、首里市を
米海兵隊撮影。

945年5月29日、崩れた城壁と焼きつくされた赤木。米海兵隊撮影

米第10軍情報部が作成した『インテリジェンス・モノグラフ』には、首里城地下司令部壕の内部写真をはじめ、詳細な海軍司令部壕調査の結果や各地の日本軍壕の内部や使用法が報告されている。その中で第32軍司令部壕から日本軍が焼却を図った機密書類が多数見つかった。あれほどまでに沖縄住民に「軍機を漏らすな」と注意しておきながら、蓋を開けてみれば情報の露出元は、肝心の第32軍司令部そのものであった。当時住民は首里の地下司令部壕に近寄ることはできず、機密に触れようがなかったが、疑心暗鬼に駆られた第32軍司令部情報部が中心になって住民スパイ説を作り出し、住民は敵と通じているといった悪評は日本軍全体に及んだ。後に述べるように『インテリジェンス・モノグラフ』の中で、沖縄人スパイ説は、日本軍部が作り上げたものだと米情報部は述べている。さらに日本軍通信部隊は、人的資源は豊富であったが、機器類や連絡体制など、劣悪な環境下で戦闘に参加したことなどを詳しく論じている。その意味で地下司令部壕は、大言壮語に飾られた非人道的な要塞であった。それを述べる前に、最初に「天の巌戸戦闘司令所」の内部がどうなっていたかを明らかにしたい。

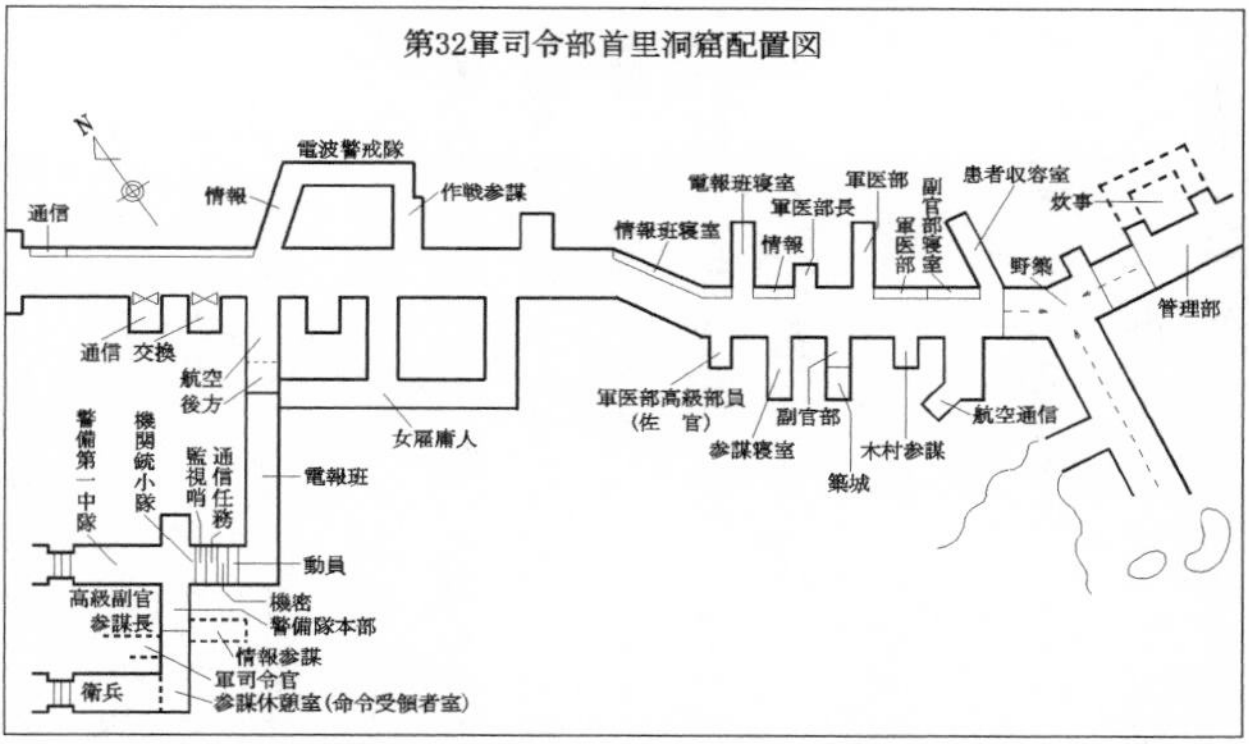

第32軍司令部壕内配置要図。1945年4月9日。

出典／沖縄県文化振興会編『沖縄県史　資料編23　沖縄戦日本軍史料』沖縄県教育委員会、2012年、51頁をもとに作成

1　第32軍地下司令部壕の構造

第32軍地下司令部壕は、沖縄戦開始から司令部撤退までの60日間余り使用が続いた。記録によれば壕内の生活場所を定めた「配置（配備）要図」は、1945（昭和20）年4月9日から5月5日まで5回にわたり作成されている。それは作戦に沿って部隊移動が行なわれ、その都度部隊配置が変化したからである。とくに5月4日の日本軍総攻撃を境に、第24師団（山兵団と呼称）と、独立混成第44旅団（鈴木兵団と呼称）が司令部壕に入り、かなりの変更があった。ただし地下壕に入れたのは、司令部要員や通信員など、一部のものだけで、一般兵士らは首里市民が設営した防空壕や自然壕を占拠し前線出動に備えた。

配置要図から第32軍司令部は、第2坑道、第3坑道付近に位置し、第32軍インテリジェンス（情報―諜報）部隊である通信隊、電報班、情報部などは第1坑道の間近に位置している。これは、ただちに司令部―参謀部にアクセスできるよう配置されたものである。これに対し実戦部隊である第24師団、同第44旅団司令部は、機動性のある第4坑道付近の待機所で、一般に「棲息所」と呼ばれる場所に配置された。また第4坑道入口付近には、機密文書や記録類の保管場所があり、倉庫や兵站《へいたん》場所にもなっていた。第5坑道付近は、壕内生活を支援するインフラ設備や便所、浴場、炊事場などが設けられている。ただしそこは、司令部壕最南端に位置し、敵砲撃にさらされやすい危険区域でもあった。『インテリジェンス・モノグラフ』で第5坑道交通路は、「女人棲息所」と記述されている。そこには炊事場が設置されており、「女子挺身《ていしん》隊（主として元那覇市辻の娼妓《しょうぎ》、一〇・一〇空襲後、徴用されて慰安所で働いていた）が百人位いて、炊事や、爆撃で落ちる土砂等を壕外に運び出す仕事に従事していた」[*1]という。

2　第32軍地下司令部壕内の生活

第32軍司令部は、3月29日から地下壕生活を開始した。壕の安全性について八原高級参謀は、「（首里洞窟は）二六時中煌々《こうこう》たる無数の電灯、千余人の将兵を収容して、さながら一大地下ホテルの観がある。（中略）とにかく、洞窟内は危険絶無、絶対安全だ」[*2]と自画自賛している。ただし八原大佐は、「洞窟内は二六時中夜だ。太陽はもちろん、月も星も見ることはできない。狭くて、奥深い坑道内には、人間が充満しているから、空気の流通が悪く、酸素が稀薄だ。（中略）温度は常時八十五、六度（約30度）、湿度は百％に近い。身体はけだるく、心気はもうろうとなる」[*3]と、人が住める限界も指摘している。

一方、航空参謀の神直道中佐は、戦後次のように回想している。

「壕内は温度、湿度が高いのでマッチが湿りすぐ使用できなくなり、鉛筆も湿気で割れてしまうので糸でしばって電燈の所にぶら下げて使用していた。（中略）また健康なものでも一〇日位壕生活をすると白便をするようになった」[*4]

「白便をする」とは、おそらくストレスなどによって、白っぽい粘液便が出るのだろう。壕内生活は我慢の限界を超えるもので、下痢や尿の垂れ流しも多かった。どんなに基本的インフラ設備が整えられていても、兵士らにとって壕内生活は、地底動物の棲息に近いものだった。

さらに、第32軍船舶参謀の西野弘二少佐による第32軍地下司令部壕の話も残っている。

「（地下司令部壕は）坑内で芋の子を洗うような人々の集まりだ。（中略）湧き出た水蒸気のために、人々の顔がぼんやり見える。（中略）風呂にはまれにしか入れないのであかがよれる。体がねちねちし、ひげは生え放題。身体は外界の光線からすっかり隔離されているので、気味の悪いほど蒼白《そうはく》だ」[*5]

壕内生活の感想は、三者三様であるが、音や匂いには鈍感になるようだ。とくに西野少佐を苦しめたのが、米軍の艦砲射撃と、そこから来る振動であった。

「5百キロや1トン爆弾が殆《ほとん》ど絶え間なく頭上で、時に大地震のように、ある時は壕もろとも身体までがっさりと圧《お》し、つぶされたと思うほどに強いショックでグワィンと近い所で破裂する。壕の壁がグワラグワラと大きなかけらごと落ちてくる」[*6]

西野少佐は、擬声語を使いそのときの状態を表現している。地下司令部壕の外で艦砲を受けると、壕内は地震の中でも激震レベルの振動が走り、壕もろとも押しつぶされるのではないかと恐れたという。着弾のたびに壕中の兵士らは、何かにしがみつき、パニックに駆られるもの

司令部壕内の天蓋部の梁につるされた電話線や電灯線。日本軍退去後に撮影されたものだが、壕内部の様子（寝棚、床板通路など）が分かる。
出典／沖縄県公文書館「占領初期沖縄関係写真資料　陸軍04」

も出て来た。中には、坑道内で題目を唱えながら太鼓を打ち鳴らす者も出て来て、その周りに兵士が群がったという。兵士らは、壕の崩壊と圧死を恐れ、神仏に祈ったのである。

　こうして地下司令部壕は、連日の艦砲射撃により壁は崩れ、地鳴りが響き、通路には汚水があふれ、停電や断線が頻繁に起こり、最悪の壕となった。梅雨の時期とも重なりカビが大量発生し、いわば地下壕は、実際は巨大な排水溝か下水溝に近いものであった。

　このとき、戦時下の新聞「沖縄新報」記者の大城（牧港《まきみなと》）篤三《とくぞう》氏が、壕内の軍首脳の様子をルポ風に書いている。

「神経質に眉根を寄せ、

第32軍情報部。大慌てで壕を去ったことがうかがわれる。

出典／NARA RG407 Box2946 G-2 Intelligence Monograph PartⅣ

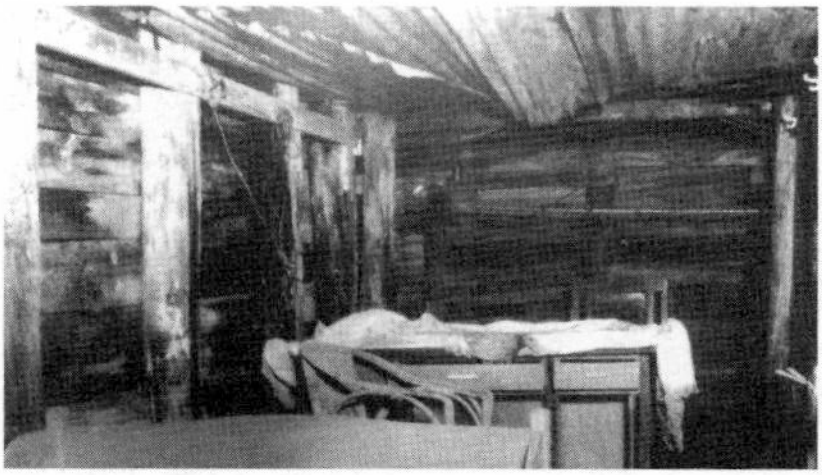

第32軍司令官室。天盤部には、トタンが張られ、側壁部には、製材木が使われている。

出典／NARA RG407 Box2946 G-2 Intelligence Monograph PartⅣ

久葉《くば》（ビロウ）うちわで涼をとりながら、無造作に作戦命令を下す八原高級参謀の声。あたりに蠢《うごめ》く人間達に眼《め》もくれぬ、尊大ぶった超人的な彼の物腰。（中略）煌々と輝やく電灯の下に、頭を振りたてながら通風器の口に金魚のように口を当て、外気を吸っている長中将」[*7]

八原大佐が顔をしかめるのは、憂いや不快感からであろう。また、長中将が口を当てる通風装置は、縦坑から引いた筒状の長い通気筒である。壕内では空気すら差別化されていたのである。また牛島司令官は、周囲の参謀らに「作戦は参謀に委《まか》せると公言していた」[*8]とも言われている。こと牛島司令官に限って、最前線に出て下級将校らと共に戦う「指揮官先頭」の精神はなかったようである。ただし牛島司令官は、ただ一度だけ日本軍の総攻撃を積極的に仕掛けたことがある。地下壕に引きこもりちょうど1カ月が経ち、4月29日の天皇誕生日で壕内が浮き足立っていたその日、司令官は、日本軍総攻撃を決めた。司令部壕には、日本軍の善戦情報や苦戦の報告も届き、戦闘疲労も頂点に差し掛かっているときであった。それでも司令官は総攻撃への勝利感がみなぎり、総攻撃に弱気な参謀たちに、「わしが先頭に立って戦おうとしているのに、何たることだ」[*9]と大声で怒鳴りつけた。

3　地下司令部から唯一の総攻撃命令と大敗北

日本軍の最初で最後となる総攻撃を5月4日に実施することが、牛島―長将軍ラインで決められた。このとき八原大佐は、牛島司令官に対し「これは、無意味な自殺的攻撃に過ぎぬものと思います」と答えたが、将軍は、「もちろん玉砕攻撃である。吾輩《わがはい》も、最後には軍刀を振って突撃する考えである」[*10]と言葉静かに話したという。

5月4日の総攻撃は、陸上と沿岸部の双方から始まった。総攻撃前日の夜半、沖縄本島西海岸からは、約1000人が那覇から上陸用舟艇などで出航したが、浦添海岸沖で発見されてしまった。兵士は舟を捨て沿岸部に泳ぎ着くも逃げ切れず、周辺海域で500人弱が殺された。阿《あ》鼻叫喚《びきょうかん》の中、リーフ上やくぼ地は赤い血に染まった。さらに東海岸上陸部隊約200名も午後8時、刳《く》り舟《ぶね》に分乗し与那原を出発し中城湾を目指したが、米駆潜艇に発見され、照明弾下で106名の兵士と多数の沖縄漁民が海没した。

東西の沿岸部で兵士が血を流し、もがき苦しんでいるさ中の5月3日夜半、地下司令部壕の牛島中将の居室で戦勝前祝賀会が開かれていた。参会者は、陸海軍将官（少将以上）9人のみで、着飾った女性たちが酒席を盛り立て、美食を味わった。そのとき、隣室に控えていた八原大佐は、こう述べている。

「幕間《まくあい》にかいま見える将軍中、だれ一人として明日の戦い——否、すでに今夜、その先鋒は、東西両海岸に沿い、汐吹雪《しおふぶき》を浴びて、必死攻撃に移っている（戦況を）憂うる気配はみえない。立派な態度、悠々たる将軍振りである」[*11]

これと並行して、第32軍配下の将校や参謀たちも地下司令部壕内で戦勝大祝賀会を催していた。壕内には、極上のスコッチ・ウイスキーをはじめ日本酒、泡盛が取《と》り揃《そろ》えられ、心行くまで飲み食いしたという。

総攻撃の火蓋が切られたが、結果は、八原大佐の予想通り惨敗であった。総攻撃前夜の祝勝会で八原大佐は、「立派な態度、悠々たる将軍振り」と述べたが、これは大佐一流の嘲笑を込めた最大の皮肉であった。

5月4日の総攻撃の参加によって第24師団は、戦力が3分の1以下に減り、軍砲兵隊では弾薬の大半を使い果たし、約5000人の将兵がたった1日で戦死傷した。[*12]こうした戦況であっても、牛島司令官は依然攻撃続行を指示したが、5月5日、ついに八原大佐を司令官室に呼びつけ、攻撃中止を伝えた。司令官の抗戦思想から生まれた総攻撃は、大敗北であった。このとき牛島司令官は、八原大佐に今後の沖縄作戦について重大な提言を行なっている。

「予は攻撃中止に決した。（中略）軍の主戦力は消耗してしまったが、なお残存する兵力と足腰の立つ島民とをもって、最後の一人まで、そして沖縄の島の南の涯《はて》、尺寸《せきすん》の土地の存する限り、戦いを続ける覚悟である」*13

牛島司令官の言葉を聞き八原大佐は、「軍は、諸隊の勇戦敢闘により、敵に痛撃を加えたるを機とし、持久態勢に復帰せんとす」*14との命令書を発した。しかし時は遅すぎた。牛島司令官の沖縄戦は、軍民等しく戦い、「死が一切を美しく解決」するという死の賛美である。しかも死は、兵士のみならず「足腰の立つ島民」、すなわち民間人まで及ぶ厳しい命令であった。これは、沖縄戦の最終局面で述べた言葉ではない。沖縄戦さ中の5月初旬、軍司令官はすでに民間人多数の死を予見していたのである。

ところで、同じ首里城地下司令部壕に陣取る第24師団司令部は、会報を出し総攻撃の勝利を喧伝《けんでん》している。

「5月6日

1　敵は、夥《おびただ》しい負傷者で苦しんでいる。（中略）ニミッツは、彼の見解として沖縄からの撤退を報告している。

2　連合艦隊は、5月には慶良間沖5マイル地点に前進し、敵を攻撃する計画である。（中略）読谷、嘉手納《かでな》飛行場の両沿岸部に対する上陸作戦は、成功した。兵員約８００人からなる上陸部隊は、小艇（刳り舟）により輸送された（5月4日夜）。（3～8省略[*15]）」

5月4日の「総攻撃」は、完敗に終わったのだが、第24師団会報では、「攻撃計画中」とか「果敢な攻撃を実行中」などといった微妙な表現で戦果を掲げている。しかし実際に総攻撃に参加した兵士にとり、戦場は死を賭した戦いで、悲惨なものであった。総攻撃に参加し、戦場に一人取り残された兵士が両親、兄弟、親戚に残した日記が見つかっている。華やかな地下司令部壕内の戦勝前祝賀会と比較するため、紹介するものである。

「１９４５年5月3日

少し前に戦友が亡くなった。私は最後まで闘わねばならない。（中略）戦場とは、銃後の人々にとり想像も及ばないものだと確信する。銃後もまた戦場なり。銃後に住む人々よ、最善を尽くせ。父、母、兄弟、おばのご繁栄を祈念いたします。総攻撃の日に[*16]」

日記の作者は、船舶工兵隊に所属する兵士で、総攻撃にさきがけ5月3日に舟艇に乗り、宜野湾村伊佐に上陸した。5月4日には仲間の兵士と合流できず、7日午後、一人でいるところを米軍に見つかり射殺されている。日記は、死体から取り出されたものである。総攻撃で死を予感した一兵士は、戦闘に臨み愛《いと》しい者たちへ最後のメッセージを残したのであろう。

ここに総攻撃は、大敗北に終わった。地下司令部壕内には、敗戦気分が充満し、誰もが死を予期せざるを得なくなった。今まで地下司令部は、一般兵士や県民の苦しみと遊離した命令を出し続けてきたが、第32軍地下司令部壕は結局「県民を戦火にさらした無謀な計画が立案・遂行された地[*17]」であることが改めて実証されたわけである。

沖縄戦開始以来、地下司令部壕の衛兵所で歩哨に立っていた濱川昌也《はまがわまさなり》軍曹（大田昌秀氏の従兄）は、総攻撃敗北後の地下司令部壕内の将兵の動向をつぶさに観察していた。濱川軍曹によれば、総攻撃失敗の後、地下司令部壕に潜む誰もが死を予感し、心はすさみ、殺気だっていったという。そして、「こんな状況になってくると人間の柄が見えてくる。今まで偉そうに見えていた参謀連中が実にくだらなく見え始めた[*18]」という。また長参謀長は、朝からアルコール漬けであったという。やはり地下司令部壕は、兵士や民間人に死を強制した戦争加害者の壕である。

続いて地下司令部の中で中枢神経組織ともいわれるインテリジェンス（情報、通信、諜報）部隊が、具体的に何をしていたのかを見ていきたい。

4　地下司令部のインテリジェンス

①日本軍通信隊

首里城一円は、高台高地にあり、情報の骨幹地帯であった。狭小な地域や洞窟間での情報のやり取りに力を発揮したのが、各種の有線・無線通信網である。とくに無線通信は、アンテナ線さえ壕の外に出せれば手動発電により地下陣地からでも送受信でき、前線の有効な兵器であった。

沖縄戦のさ中、部隊間の通信任務（通信、連絡、伝令など）を負ったのが第32軍直轄の電信第36連隊（約1900人、軍通ともいう）である。同連隊は、本部を2か所に分け、1つは首里城地下司令部壕に置き、有線や無線通信による任務を遂行した。もう1つの軍通本部は、第9師団が掘削した繁多川壕に置かれた。この他首里地区には、第62師団通信隊（255人）をはじめ、各部隊の通信隊も配備され、数千人規模の通信部員が任務についていた。とくに地下司令部壕に通じる第1坑口には、独立したコンクリート製の建屋「合同無線通信所」が置かれていた。ここは、伝令兵が情報を直接届け、外部からの電報・電話などの取り次ぎも行なう建屋であった。こうして、第32軍地下司令部壕は、情報・通信面から支えられた一大インテリジェンス要塞でもあった。

　ところで、第32軍地下司令部壕と目と鼻の先の距離にある繁多川の軍通信隊本部壕について、元沖縄放送局長の岩崎命吉氏が手記を残している。岩崎氏は沖縄戦の開始直前、NHKを離れ奏任官（高級官吏）待遇で本部壕に軍属として入壕していた。沖縄戦開始時には壕生活も快適であったようだが、やがて壕内の人員が増え出し、気温も上昇してきた。

「（壕内は）焦熱《しょうねつ》の生地獄と化した。（中略）深夜幸いに（壕入口で）涼を得て、その余勢をかりて寝付いても二時間たたぬ内に目が覚める。同時に汗は流れていて、ミミズの這った後のように流れ、寝台の板敷には濡れて身体の形の跡がはっきり残る。朝まで二、三度涼を求める必要がある[*19]」と厳しい壕生活を述べている。

　首里市繁多川の軍通信隊本部壕は、第32軍地下司令部壕と比べ雲泥の差があった。本部壕内は人であふれ、石油ランプの油煙のため体はすすけ、肉体的にも精神的にも「生地獄」だったと岩崎氏は述べている。その中で唯一の楽しみは、壕内で行なわれる囲碁や将棋だった。

「明け暮れのわからない壕内生活、狭い窮屈な通路であっても、誰もが知っている日本趣味の碁、将棋が通路の一隅に持ち出される。（中略）見物人も四、五人いるし、へらず口を叩いての小声の熱戦も、対局中は実戦を忘れるほどであった[20]」

戦争のさ中、兵舎代わりの壕内で兵士らは娯楽として囲碁を打ったり将棋を指したりしたのであろう。慰問袋には、娯楽用具も含まれており、審判役も交え、軍人将棋とか行軍将棋にしばしの間、戦場を忘れたのかしれない。

ところで4月3日、岩崎軍属は、首里市寒川から金城町にかけての街中を歩き、かつての職場の旧沖縄放送局（NHK）舎まで進んだ。そこで55メートルの放送用鉄塔2基だけは、そのまま立って残っているのを目にし、感激したようだ。「盲爆を受けた鉄塔は、初日（3月23日）以後あまり変化はなく、自立しているのが不思議に思われ、胸に迫り来るものがあった[21]」と述べている。

一方、首里市繁多川の軍通本部壕から伝令として第32軍地下司令部壕の合同無線通信所に派遣された学徒兵は、合同無線通信所や壕内部の様子をこう描写している。

「（連隊本部壕から）伝令として行く所は（合同無線通信所であり）、奥の方に無線機が何台もあって一日二十四時間忙しそうにしていた。（中略）（第1坑口）には両側に衛兵が立っていて、出入りをする人のチェックをしているが、大声で『伝令』と叫びながら呼び止められない中に素速く壕内へ飛び込むのである。（中略）途中には、司令官室、幕僚室や作戦会議室等の広間などが右側にあり、内部がちらほら見えるのであるが、（中略）出来るだけ見ない振りをして小走りに通り過ぎるのでした」[*22]

合同無線通信所で任務を果たした学徒兵は、衛兵に声掛けし、そのまま第1坑道に飛び込み、辺りをうかがい司令部中枢を盗み見しながら坑道内を駆け抜け、第5坑道から外に出たのだろう。

第32軍地下司令部壕内では、通信線が数十本束になって各所に配線され、電話機も数百台が設置されていた。第32軍参謀の西野弘二少佐は情報部の働きぶりについてこう述べている。

「四六時中喧噪《けんそう》だ。電話がガチャガチャなっている。暗号を組む者、（暗号）翻訳する者、情報を伝える者、記録する者、命令を伝える声、戦には一刻も休みはない。参謀室を軸に皆が一日中活動している」[*23]

ところで米軍は、第32軍司令部からの電波発射について大掛かりな追跡調査を行なっていた。それは、『インテリジェンス・モノグラフ』の中でも、詳しく説明を加えている。それによると、首里から発射された電波は、徳之島や台北、先島《さきしま》諸島の中継局を経由して東京へと送信されたという。[*24] これはいわゆる「転電方式」と呼ぶもので、中継局を挟んで目的地に電報を届ける窮余の一策であった。

一方、米軍は沖縄戦の最後まで首里の無線塔への全面攻撃を回避したが、そこには日米の駆け引きがあったのだろう。日本軍としては、米軍が無線傍受しても複雑な暗号電報は解読できないと高を括《くく》っていた。反対に米軍としては、無線塔を残しておく方が無線傍受に都合が良く、そのため塔の破壊を回避したのだろう。

荒廃した首里の町に立つ無線塔。1945年6月11日。米軍は、最後まで無線塔を攻撃しなかった。
出典／沖縄県公文書館「占領初期沖縄関係写真資料　陸軍04」

なお、第32軍地下司令部は、南部への撤退を決めた後の5月24日から地下壕からの無線を停止したが、これは、合同無線通信所が爆撃により破壊され、機器類も使用不能になったからである。またこのとき、大本営などにつなぐ対空1号無線機も地下司令部壕近くで処分された。

②第32軍電報班―暗号班

第32軍電報班は、暗号班とも呼ばれ、学徒隊を含め暗号手90人余の将兵らが特殊な任務に従事していた。暗号班は、国家機密、軍事機密を扱う関係から、軍機保護法の強い制約を受け、厳しく業務内容や責任が決められ、違反者には厳罰が下された。第32軍電報班―暗号班の作業場所は、司令官や高級副官に最も近い場所を占め、第2坑道突き当たりの主要な位置を占めていた。その近くには、軍司令部の中枢部隊も位置し、常時伝令要員が待機していた。さらに暗号書関連文書を保管する電報班補給室（倉庫）の確保も義務づけられ、倉庫入口には24時間体制で監視兵が配置された。

ところで沖縄戦では第32軍暗号班を含め、首里地区には１００人単位の暗号手がいたはずだが、米軍作成の日本軍捕虜の尋問調書には1人も暗号該当者の調書がなく、戦後の証言も見当たらない。全員が戦死したとは考えにくく、おそらく関係者は機密漏洩を恐れ、身分を隠してしまい、戦後も黙秘を続けたのではないか。

ちなみに大本営では、各地から送られた日本軍情報を下に戦況報告書『週間情報』を出していた。米海軍作戦本部（ワシントンD.C.）ではそれを解読し、沖縄の米第10軍にも解読文を送っている。『週間情報』に載っている沖縄の戦況報告は、元々は第32軍司令部から大本営宛に送信していたものである。暗号傍受を通して米軍は、ほぼ正確に沖縄の日本軍がどういう戦いを進めているかの情報をつかんでいたわけである。*[25]

またワシントンの陸軍省「通信保全局」が出している「日本陸軍無線諜報通信」では、1945年5月17日段階で、東京―那覇間の電報の79パーセントを傍受できたと報告している。*[26]これでは第32軍は、米軍に身ぐるみを剝がれたも同然で、丸裸のまま敵に向かったようなものだった。

これに対し第32軍司令部には、米軍電話盗聴や米軍暗号解読に従事する要員が3~4人いたが、相手の暗号傍受・解読はできなかった。

第3章でも述べたが、地下司令部壕の第5坑口から大量の記録類が発見されたことについて、『インテリジェンス・モノグラフ』では、こう述べている。

「日本軍の各部隊は、敵からの記録捕獲を防ぐため諸記録と機器を破壊するよう特別指示が出されていた。（日本軍は）焼却処分により記録類を廃棄するよう指示していたが、その試みは完璧に実行に移されたとは言い難い。いくつかの記録は、完全な状態で、あるいはほぼ完全な状態で捕獲された。無線機器と通信機器は大急ぎで破壊されたようだが、機器類の多くは無傷で我々が捕獲した*[27]」

沖縄戦で日本軍は、米軍の圧倒的な物量に敵《かな》わなかった。また米軍の戦略・戦術に敗北し、戦闘の行く手を支える情報戦に完敗した。しかもそれは、日本軍側の情報の露出と機密文書の大量放置が原因であった。

③第32軍情報部

第32軍情報部は、軍幕僚部（第2課）に所属し、沖縄戦のさ中、情報収集や情報調査、さらに諜報や宣伝などに関する任務を果たした。部隊には航空参謀、通信参謀、情報参謀が参加し、さらに学徒隊も動員された。各参謀らは、司令部壕内で各々情報の共有化を図り、軍司令官や参謀長らを補佐している。

結論から言うと地下司令部情報部は、誇大・虚偽・虚飾情報の発信元であり、鉄血勤皇師範隊や警察部、大政翼賛会などを通じ、大掛かりなデマ情報を拡散させた張本人である。

情報部では、米軍向け英文宣伝ビラの制作・印刷も行なった。4月12日、ルーズベルト米大統領が突然後頭部の激しい痛みを訴え、同日午後死亡した。これに対し、沖縄本島北部に布陣する日本軍は、4月14日、大統領の死を悼みつつ、大統領の死が「米軍側の損害が大きなため不安を感じ、急死した*28」との虚偽宣伝ビラを配布した。さらに9日後の4月23日、宜野湾村嘉数付近で「米軍将兵へ」と題するルーズベルト大統領の死について同様のビラを撒いている。「故ルーズベルト大統領の死に対して、深い哀悼の意を表します。航空母艦の7割と戦艦の73パーセントが沈没し、15万人の死傷者を出したのはご存じでしょう。故大統領に限らず、全滅的被害を耳にすれば、誰であっても心痛のあまり死にたくなるでしょう[*29]」と書いている。

こうして第32軍情報部は、地下印刷所でガリ版刷りの対敵宣伝ビラを作成し、それを前線部隊に届けている。ビラは、各部隊で5人一組の「挺身擾乱隊《じょうらんたい》」と呼ばれる小隊が作られ戦場の方々にばら撒かれた。さらに情報部では、米軍が使用する軍事郵便（Vメール）に似せた米兵宛の厭戦《えんせん》ビラも配布している。

「沖縄作戦は、諸君たちの栄光ある母国そのものを破壊しているのがわからないのか。諸君らの無益な戦闘は、諸君らの死体を沖縄の犬に食らわせ、太らせるだけだ。（中略）諸君らの美しい母国、アメリカの人たちは、愛する若者が一緒に散策し、おしゃべりし、青春を楽しんでいる。これに対し諸君らは、国から離れて毎日無意味な戦いを続けねばならない[*30]」

このビラは、日本軍総攻撃の5月4日、第24師団歩兵部隊が、西原村小波津《こはつ》戦線でばら撒いたものである。実際に「挺身擾乱隊」に選ばれ、戦場でガリ版刷りビラの意味を知った日本兵は、こんな幼稚なビラで米軍の戦力を鈍らせることは無理だろうと考えた。それに反し、米軍が配布した宣伝ビラを手にした北海道出身兵士は、「とてもすばらしいビラが、毎日の様に日本軍陣地一ぱい雪が降る如《ごと》くまかれていた」[31]と驚嘆して述べている。おそらく戦場に撒布された大量の米軍ビラが、故郷北海道の雪原のように見えたのだろう。

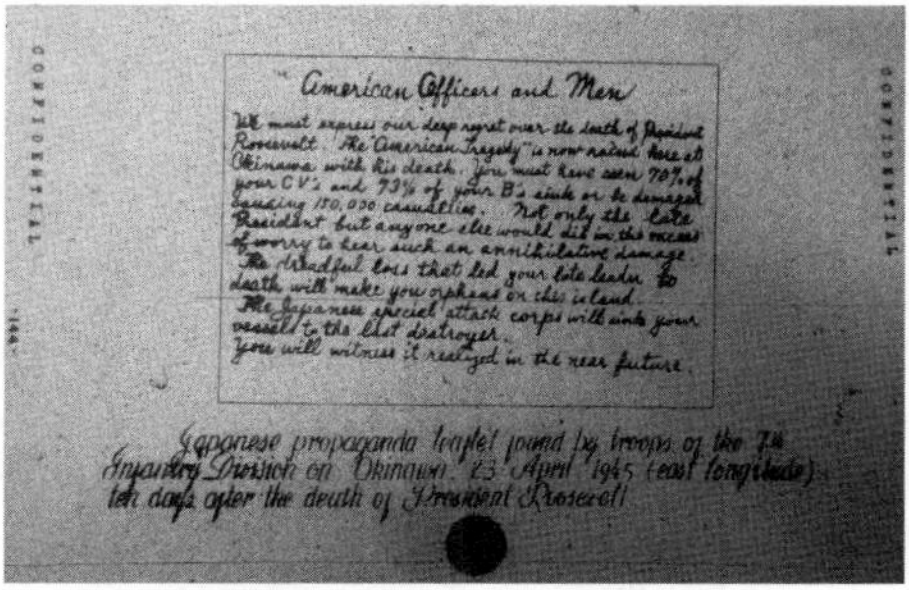
CONFIDENTIAL

American Officers and Men

We must express our deep regret over the death of President Roosevelt. The "American Tragedy" is now raised here at Okinawa with his death. You must have seen 70% of your CV's and 73% of your B's sink or be damaged causing 150,000 casualties. Not only the late President but anyone else would die in the excess of worry to hear such an annihilative damage. The dreadful loss that led your late leader to death will make you orphans on this island. The Japanese special attack corps will sink your vessels to the last destroyer. You will witness it realized in the near future.

Japanese propaganda leaflet found by troops of the 7th Infantry Division on Okinawa. 23 April 1945 (east longitude) ten days after the death of President Roosevelt

日本軍が撒いた「米軍将兵へ」と題するビラ。
出典／沖縄県公文書館　WOR-13690 Part2, AAFPOA

さらに5月23日、首里城まであと数キロと迫った首里市石嶺《いしみね》で第1海兵師団の最前線部隊が日本軍ビラを拾っている。ビラは、筆記体で書かれ、若者の感情に訴えかける散文で綴《つづ》られている。

「年老いた母親が西の空をずっと見つめ、あなたの帰りを待ち続けているでしょう。あなたの恋人が、あなたの写真を抱きしめて、熱い涙を流しているでしょう。決して戦死してはいけない！　青春は、ただの一度だけです。あなたの多くの仲間は、母親と恋人の名前を叫び続け、息絶えました」[32]

海兵隊記録には、日本軍が撒いた実物の宣伝ビラは載っていないが、このときVメールに似せた手書き様式のビラが、3種類撒かれたという。

日本軍による宣伝活動について『インテリジェンス・モノグラフ』では、以下のように評価している。

「三枚のV（軍事）郵便用紙と地図に書かれた宣伝ビラには、米国人に『恋人、楽しみ、ジャズ、そしてかわいそうなお母さん』などを思い出させる目的でもあったが、こうした無意味な努力は明らかに米兵に何の考えも起こさせず、ただ笑いと本国土産を提供したにすぎない*33」と揶揄《やゆ》している。

ちなみに、米第7師団情報部は、5月末に玉城村《たまぐすくそん》で日本兵の死体から日記帳を手に入れているが、その中に「5月11日　午後10時、（大里村《おおざとそん》）稲福《いなふく》を発ち、嶺井《みねい》陣地に到着。部隊に持ち込まれた伝単（ビラ）を敵のいる場所にばらまく*34」と書かれていた。この日、米軍では、運玉《うんたま》森《むい》高地で伝単を拾ったと記しており、日本兵の日記の月日と一致している。宣伝ビラの内容は、今まで通り郷愁をかき立てるような文言だったと報告されている。

日本軍情報部の対米宣伝は、相手にへつらう悪趣味な「ブラック・プロパガンダ」と呼ばれるものである。確かに日本軍の宣伝ビラは、相手の感情に訴えかけるものもあったが、ビラの配布は恣意的に行なわれ、確固とした戦略も持ち合わせていなかった。日本軍宣伝ビラの多くは、戦死した日本兵が身に着けていたもので、死体から回収されたものがほとんどである。そうすると、ビラを配布する役割を担った日本兵は、最前線に出動し、ビラを配布できないまま多くが戦死してしまったのだろう。

5　地下司令部壕の罪と罰

①方言の禁止

壕内での生活についてとくに注目すべきことは、司令部壕内では沖縄方言を禁止したことである。4月9日の『球《たま》軍会報』で、壕内の使用規定が定められ、「而今《じこん》軍人軍属を問わず標準語以外の使用を禁ず。沖縄語を以《もっ》て談話しある者は間諜とみなし処分す」（第5条第6項）と通達した。このことは、地下司令部壕内で出された禁止事項の中でも異例なものであった。これは、標準語を使用するものが日本人・日本軍であり、「沖縄語」は敵性語、それを使用するものはスパイとみなしたのである。英語に代表される敵性語は、それ自体が不純とみなされ、軍部内では存在してはならないものであったが、沖縄語もほぼそれに近い言語と規定されたのである。仮に本規定が、地下司令部壕内では有効だったとしても、壕外では「沖縄語」が日常言語であったわけである。そうすると日本軍にとり言語が敵であったのではなく、丸ごと沖縄（人）が敵であったかもしれない。すなわち、諜報者＝スパイとしての沖縄人である。

ちなみに第32軍司令部では、沖縄作戦が本格的に始まる前の4月5日に「一般住民を警戒すべし」という防諜に関する通達を全軍に通知している。

「戦前、南方に出稼ぎに行っていた多数の沖縄人が、アメリカ軍の来攻前後に上陸して、一般住民のなかにまぎれ込み、日本軍の部隊の所在・陣地・行動などをアメリカ軍に連絡し、あるいはデマを飛ばして後方攪乱《かくらん》を企てるなど、活発なスパイ活動をしている」[*35]とのことだ。第32軍地下司令部壕内での沖縄語使用の禁止と「沖縄人スパイ」情報は、時期をほぼ同じくして同一の情報源から発出されたものである。こうして第32軍参謀部では、米軍との抗戦とほぼ同時に県下一円に誤った「スパイ・デマ情報」を放出してしまったのである。それでなくとも沖縄の歴史や文化に対する軍部の偏見や差別があり、ついに沖縄県民は処分され措置され、殺される対象となったのである。

ひめゆり学徒隊を引率した仲宗根政善《なかそねせいぜん》氏は、こう述べている。

「（第5条第6項）なんという血迷った恐ろしいことか。沖縄の方言は、日本語であり、先祖代代使用して来た生活語である。戦場で危急の際、口をついて出るのは方言である。住民は至るところで、方言からだけではなくいろいろの点でスパイ容疑で惨殺された」*36

仲宗根氏の説もそうだが、仮に司令部壕内だけで沖縄語を制限しても、事実上すべてを制止するのは不可能なことである。沖縄語を禁止した第32軍参謀部の考えの中には、言葉の問題だけでなく住民に対する根強い警戒心と猜疑心《さいぎしん》が潜んでいたことが分かる。

②沖縄人スパイ説の震源地

人間を媒介とする諜報活動のことをヒューミント（ヒューマン・インテリジェンス）と呼ぶ場合がある。有り体に言えば、人の評価に関わる用語である。第32軍司令部でのヒューミント活動の責任者は、神直道航空参謀（中佐）であった。司令部での神参謀の本来の役割は、沖縄の航空通信隊と台湾の飛行師団司令部との間の情報を第32軍に提供することだった。しかし台湾からの特攻出撃は、不発に終わり、その代わり軍幕僚部第2課（情報収集、情報調査、情報判断）に従事したようだ。

神参謀は、1945年5月4日の日本軍総攻撃の敗北を受け、牛島司令官の命令により本土に帰還することになった。5月30日、糸満から刳り舟（サバニ）で脱出、その後、島伝いに本土に向かい6月15日に東京に着き、関係機関、軍部要人に沖縄報告を行なった。

沖縄脱出の際に神参謀は、日誌を持ち出し、戦後それが防衛庁戦史室（旧呼称）に寄贈されている。神参謀の手記は、航空作戦のみならず、情報参謀の立場から民間人の対応についても記している。

5月29日、この日は本土脱出に向けて最後の沖縄であった。翌日のサバニ搭乗前に、急ぎ本土帰還後の報告事項の素案を日誌に走り書きした。

「5月29日

一、政府に対する連絡（中略）

二、沖縄県人は支那人（註　差別用語であるがそのまま転記）に劣る。情動的中核なし。無気力、神社・仏閣極少。

三、軍隊に対する態度　消極的で非協力

例（一）軍隊が来たから我々が戦闘の渦中に入りたるとするもの頗《すこぶ》る多し。

（二）学徒（防召）は駄目なり。召集しても皆家に逃げ帰り召集解除の止《や》むなきに至る。

（中略）

（三）本県人のスパイ、甚だしきは落下傘にて潜入（本県人）を目撃、追跡することあり。電話線の故意切断。

（四）弾丸の中でも金をやらねば物資を分けて呉《く》れぬ。何を考えているか分からぬ。

四、本土決戦を考慮し次の件を官民にて準備せよ

住民疎開

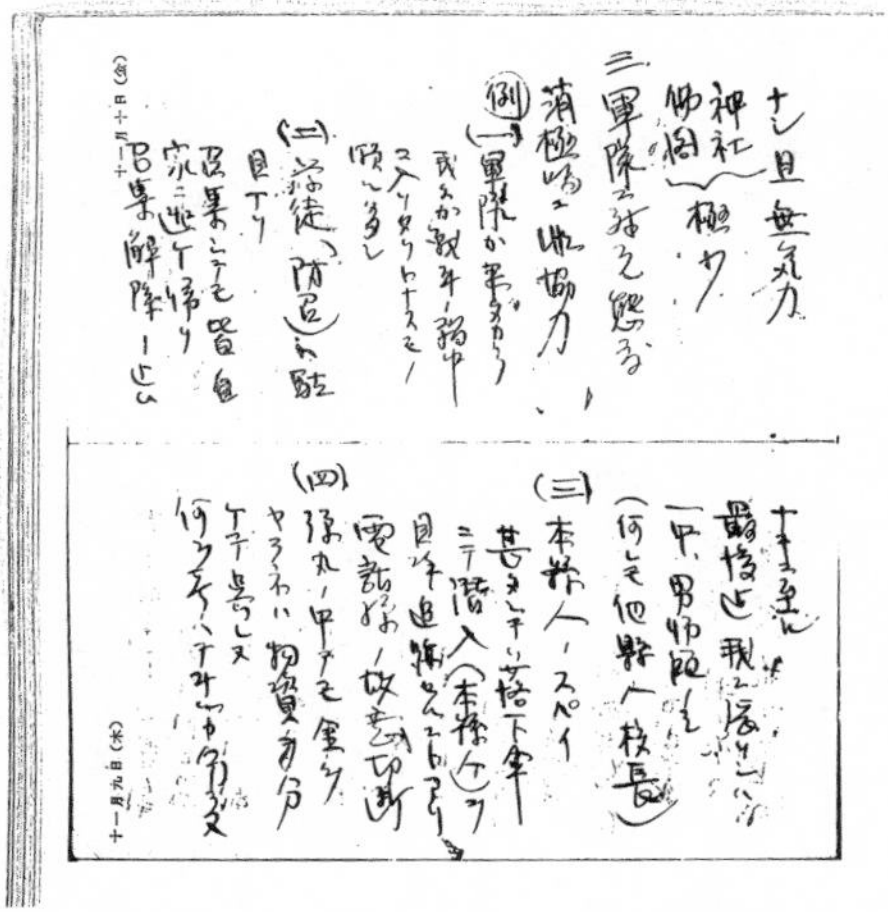

神直道日誌。1945年5月29日。沖縄県民スパイの記述がある。

出典／内閣府沖縄振興局沖縄戦関係資料閲覧室「神日誌其二　第三十二軍参謀陸軍中佐神直道」B03-5-336

スパイの監視

食糧確保

適正な戦況速報（以下略）[*37]」

日誌であるため、詳細な内容やその経緯などについては不明だが、その中で県民スパイを断言している。

当日誌は、神直道氏の死後に公開されたもので、本人のコメントはない。この日のメモは、本土帰還後、各関係機関に沖縄報告を行なう際の備忘録として作成したのであろう。神参謀は、地下司令部壕で軍の退却作戦

について熱い論議がされているさ中の5月22日、一時的に首里の地下司令部に呼び戻され、改めて東京帰着後の報告について指示を受けている。おそらくそのときの打ち合わせメモの一部が、記録に残ったのであろう。本土帰還後、神参謀は新たに「報告要点メモ」を作成している。そこには、「沖縄県人に対する戦争指導上の着意事項、一、精神的中核（神社・仏閣）の追及、一、部隊派遣後の件[*38]」などがあることから、先に作成したメモを参考に、新たに発言要旨を整理したと思われる。

神参謀は、本土帰還後、新聞社の取材にも応じている。沖縄戦では、日本軍は精神的に勝利を収めたとし、本土決戦に向けて「町長、村長などの末端行政機構の指導者の（戦争）認識自覚が今後の戦局に及ぼす影響が（大きい）[*39]」と述べている。今後の戦いの方向性を、軍部から行政へと投げかけたのである。

神参謀は、戦後に沖縄戦回顧録『沖縄かくて潰滅す』を出版しているが、そのなかで民間人についてはほとんど書かなかったと断り書きを入れている。その理由として、近代戦において民間人は多数が戦場死するからだと述べている。その上さらに、「今までの外征作戦で、このような住民たちの悲惨さは何処《どこ》にでもあった。（中略）本土の一部である沖縄で殊にその悲惨さが身に沁《し》む」[40]とまとめている。神元参謀が言う「外征作戦」とは、日本軍がアジア地域で行なった作戦を指し、戦闘に巻き込まれ亡くなったアジアの民間人を指すのは間違いない。それと同列で、沖縄の民間人の戦場での虐殺や「住民たちの悲惨さは何処にでもあった」とされている。神元参謀の回顧録や寄稿文には、住民スパイ視の話は一切出てこない。ここには戦争証言の深い闇の部分が感じられるが、第32軍司令部、とりわけ住民への姿勢に最も責任ある情報部が住民スパイ説を作り上げ、スパイは殺せと命令した責任は重いものがある。一般兵士にとり、戦争指導者の命令は絶対的なものであり、法理なき戦場で兵士らは思いのままに住民を殺害し続けたのである。

一方、階級や配属先は異なるが、沖縄を脱出し、本土到着後は同じく「沖縄人スパイ説」を吹聴しながら各地を回った将校がいた。第32軍地下司令部壕にいた森脇弘二中尉は、6月25日、刳り舟で摩文仁を出航、7月14日に東京に到着している。その間、九州地区を中心に沖縄の戦況を講話してまわり、沖縄人によるスパイ活動が原因で戦争に負けたと話をしている。このことが、沖縄出身の国会議員に伝わり、戦後国会で問題視された。

1945年12月13日の第89回帝国議会貴族院において、沖縄出身の伊江朝助《いえちょうじょ》男爵が、沖縄戦終了後に本土疎開地にて流布された「沖縄人スパイ説」について、意見を述べた。

「男爵　伊江朝助

沖縄終戦の三日前（註　正しくは3日後）に、盛脇（註　正しくは森脇）と云《い》う陸軍の中尉が牛島司令官の命を受けて沖縄から脱出した。（中略）そうして此《こ》の人が九州地方を廻《まわ》って、九州の疎開地に、今回の沖縄戦線は沖縄県人の『スパイ』に因《よ》って負けたのだと云うようなことが流行《はや》って、沖縄五万の疎開民が受入地から非常に脅迫されたと云う事情もあるのであります*41」

森脇元中尉は、『沖縄脱出記』と題する体験記をまとめているが、脱出後のことについて何も記していない。1976年、森脇氏は病気で亡くなるが、戦争について一切語ることはなく、「どんなに勧められても、戦後の沖縄の地には足を向けることがなかった*42」と家族は記録に残している。

神参謀と森脇中尉の行動は、くしくも首里城地下の第32軍参謀部の意見を代表するもので、ヒューミント情報として沖縄人スパイ説が地下司令部壕内で情報共有化されていたことが判明する。

一方、米軍でも、日本軍の中に沖縄人スパイ説がはびこっていた事実をつかんでいた。『インテリジェンス・モノグラフ』の中で、沖縄人スパイ説は、日本軍が逃亡し、米軍に投降する事実を隠すため、民間人をスパイにでっち上げたと分析している。その証拠として米軍は、日本側が出した「投降対策」を下に、民間人スパイ説の根拠を明らかにしている。

「(1945年) 5月5日に米軍がろ獲した『極秘』扱いの出所不明の日本軍資料から抜粋した以下の一節に、日本側の投降対策がうかがわれる。

欺瞞《ぎまん》:

a 米軍は、沖縄人に日本兵の格好をさせ、その他卑劣な方法でもって、沖縄人を前線で使用している。注意を怠るな。敵性行動を示す者は、すべて殺せ。

b 米軍への投降を装い、白旗を振る者が出てくるであろう。前線部隊は、例外なく(投降者を)すべて殺せ[*43]」

これについて米軍は、自分たちは沖縄人を利用した事実はなく、「日本軍の司令官は、米軍に投降し、軍務を放棄することを望む日本軍兵士が多数いる事実を知っていたのは明白である。しかし、日本軍にとり、事実を公表すれば由々しき心理状態を招くことになる。そこで、日本軍の格好をした沖縄人が米軍のために働き、(情報収集後)白旗を掲げ再び投降の振りをして米軍戦線に入るので、沖縄人を射殺せよとの作り話が持ち上がったのかもしれない[*44]」と説明している。

こうした軍の責任を、民間側に押しつけるのは悪質なごまかしであり、米軍に投降するものは、すべて民間人だとするすり替えの論理でもあった。とくに沖縄県民への人身攻撃は、第32軍司令部壕内の地位の優るものから示され、それが信憑性《しんぴょうせい》を帯び、やがて人々は「スパイ」とレッテルを貼られ処断されていくのである。

ちなみに沖縄戦では、1945年6月末現在で約1万1000人の日本軍が捕虜になっているが、そのうち約800人の尋問調書が残っている。調書には、第32軍司令部壕の見取図を書く者もいれば、日本兵の投降勧告に向けて投降ビラ作成の協力を申し出るものも多かった。こうした日本兵の米軍への協力を見ると、地元住民の情報提供などは取るに足らないものばかりであった。

また八原大佐の「沖縄人犬説」も、米情報部には広く知られた話である。八原大佐は、6月24日、摩文仁の第32軍壕をぬけ出し、6月25日、住民ともども米軍に捕まった。7月26日ごろ、CIC（米情報部）の尋問を受けた。CICには、「CIC協力者」と呼ばれる沖縄方言ができ、高級将校のあぶり出しができる地元出身者が採用されていた。この日八原大佐は、3人の民間人審査者の尋問を受けた。その中の1人が元沖縄県庁課長職にあった者で、八原大佐に気づき、

CIC詰所に駆け込んだ。

「万事休す！アメリカ将校が出てきた。逆流する血を押さえ難く、思わず『犬！』と叫んだ[*45]」と八原大佐は書いている。

一方、この逮捕時の模様についてCICの『会報（Bulletin）』には、八原大佐の人物評も交え、以下のように記録されている。

「第32軍作戦参謀八原博通は、米軍当局により逮捕され、CIC尋問を受けたが、特に沖縄人が彼の逮捕に関わった事実を知って憤慨している。

『もちろん知っていることだが』と、彼は情報隊員にぶつぶつと話し出した。『貴官が、自分を逮捕できた唯一の方法は、貴官らの沖縄人スパイのなせるわざである。（中略）自分は今、沖縄人すべてについて話しているのではなく、貴官らのために働いている沖縄人について述べているが、これら沖縄人は、真の日本人ではない。（中略）長い期間、中国は彼らの主人であり、彼らが主人の時は沖縄人は中国に取り忠実な犬であった。（中略）現在、貴官らが主人で我々から寝返って犬のように貴官らに奉仕している。（中略）貴官らが、この島を離れたあと彼らは再び犬のように我々にかしずくだろう。自分は、日本に帰還することになるだろうが、これら沖縄人の背信行為は忘れない[*46]』」

この言葉は、どさくさに紛れて放った言葉ではなく、捕虜になって時間が経過した後に、米軍連絡将校に述べたものである。おそらく八原大佐も沖縄戦を通じ一貫した住民不信があったと考えられる。

ヒューミントの観点から第32軍司令部の沖縄人観を考察すると、くしくも軍参謀部上級将校に沖縄人スパイ説、もしくは「寝返り説」が情報共有化されていたことが分かる。本格的な沖縄戦が始まる前に住民は、軍から見放されたか、打ち捨てられる存在であったわけである。戦前には事あるごとに日本軍は、「お前たちを守るためにここにいる」と言い放ったが、実際の戦闘が始まってみれば、足手まといの住民か、あるいは敵に通じるスパイと見下したものだ。

まとめるに、戦前の沖縄は、言語をはじめ習慣などにおいて固有の文化を持っていた。アジアを連戦し沖縄に上陸した日本兵には、排他的な民族意識を持つ者がおり、アジア諸国と同様に沖縄社会を軽蔑する者も多かった。その沖縄が戦場となり、情報が途絶し、暴力が支配する只中に置かれたのである。その中であろうことか、軍の中枢たる第32軍司令部が、沖縄人スパイ説を流したわけである。広くアジアで見られた差別的偏見が、やがて日本兵による民間人への無差別な暴力へとつながったのも、沖縄戦の特色である。

③朝鮮人慰安婦

第32軍司令部には、女子雇用員75人がいたが、5月10日、幕僚部、管理部、軍医部などに所属する雇用員が壕からの退去を命じられた。この中には、接待業として働いていた女子雇用員も含まれていた。しかし米軍が作成した『インテリジェンス・モノグラフ』の中に、第5坑道出口付近に「女人棲息所（日本人12人・沖縄人18人）」と記述されている。このことは、重要な意味を含んでいる。これら女性たちは、元々の女子雇用員とは異なる女性たちであることは間違いない。

前述したが、トマス・M・ヒューバー氏は、第5坑道には、女性30人が住んでいたが、「ここには、何人かの慰安婦（Comforts）も住んでいた」[*47]と記している。ヒューバー論文で慰安婦というのは、いわゆる従軍慰安婦を指している。おそらく米軍側では、（朝鮮人）慰安婦と呼ばれる複数の女性たちが地下司令部壕にいた事実をつかんでいたのだろう。

慰安婦については、こういう証言も残っている。

第1坑道の外に電信第36連隊が管理する合同無線通信所があり、前述のように、5月24日、ついに建屋が攻撃を受け、第32軍司令部壕内の第5坑道内に応急的に移動することになった。このとき、機器類の補修作業に当たったのが佐東喜三郎通信士であった。

「受信機を地下の坑道に据えつけるといっても適当な置き場所がないので、（第5坑口の）東端にあった朝鮮人慰安婦のベッドをいくつか空けてもらいました」[*48]

そのときの第5坑道は、連日の豪雨で雨が浸透し、天井から豪雨が降り注ぎ、通路は脛《すね》の半分が没するほどであった。そのため佐東通信士は、苦肉の策として受信設備を朝鮮人慰安婦の生活領域を侵害し設置したわけで、そのとき、女性と直談判《じかだんぱん》を行なっている。第32軍司令部が摩文仁に退散したのは、5月27日のことで、この間僅か3日間の出来事であった。それだけに具体的なやり取りが、鮮明に記憶に残ったのだろう。

さらに5月29日、首里城跡に突入した第1海兵師団のウィリアム・ボニフェイス2等軍曹は、首里高地北西端の城壁で4人の女性を発見した。

「4人の女性が城壁の外側から姿を現した。うち2人は英語が話せた。彼女達は、ただそこに腰掛けてタバコを吸い、少しも（我々を）恐れていない様子だった」[*49]と従軍記者に話している。このときの日米の戦況から判断すると、4人の女性は首里城地下司令部壕にほど近い第5砲兵司令部壕から出て来た者たちと思われる。

第5砲兵司令部に派遣された鉄血勤皇工業隊の新垣安栄学徒も、「（5月29日）全員撤退の一時間前に今まで見たことがなかった慰安婦三、四名が（砲兵）司令部室を出ていくのを見た」[*50]と証言している。おそらく慰安婦と思われる女性たちは、当初第32軍地下司令部壕にいたが、同司令部壕が5月27日に爆破されたため、いまだ爆破されていない第5砲兵司令部壕に移動したのかもしれない。第5砲兵司令部壕、独立工兵第66大隊壕は、5月29日、午前7時ごろに工業健児隊員らが壕を爆破したので、それより少し前に壕から出て来た女性たちだろう。あるいは、第5砲兵司令部には重症患者30人ほどが取り残されており、介護要員として壕にとどまっていた女性たちかもしれないが、もしそうなら当然彼女らも事前に壕を脱出したであろう。そうすると、首里城に残された女性たちは、いずれの司令部とも身分関係はなく、日本軍組織から見放され、放置された朝鮮出身の女性たちであると言える。また、中には英語を話すものがおり、米軍には恐怖心をいだいてはいなかったというのも特異なことである。沖縄戦において米軍に捕まった朝鮮出身者の捕虜尋問調書を読むと、ほとんどのものが米軍投降のおり、恐怖心や不安感をいだいていなかったことが判明する。[*51]第32軍地下司令部壕には、複数の朝鮮籍の女性たちがいたことが証言や記録から明らかだが、彼女たちのその後は分かっていない。

米軍の写真記録には、6月26日、米看護師と話をする朝鮮人看護助手の写真が残っている。6月のこの時期は、いまだ沖縄戦が続いており、朝鮮人女性たちは早いうちに米軍に保護された者たちである。とくに重要な点は、米看護師と共に英語で会話をしている様子が写っていることである。首里城にて発見された慰安婦4人のうち、2人が英語を話すということであった。首里城地区での朝鮮人慰安婦とその後の彼女たちの動きを考察すると、その後「看護師」として仕事についたということも十分考えられる。

④学徒隊無残

沖縄戦を通じ約2カ月間、曲がりなりにも第32軍地下司令部壕が維持できたのは、ひとえに地下司令部壕に動員された学徒隊の力が大きかったからである。それには、1944年12月から翌年1月にかけて三宅忠雄参謀（後方担当）と県学務課の協議の結果が影響した。それまでにも学徒たちは、飛行場建設や陣地建築に動員され、軍事訓練も行なわれていた。女子学徒には看護教育も行なわれていた。これは、沖縄が戦場化されることを想定しての軍事訓練で、県も学校当局も学徒らの戦意高揚に努め、郷土を守れと児童や生徒らを叱咤激励した。

ところで第32軍地下司令部壕に動員された学徒隊は、師範学校をはじめ、沖縄県立水産学校、那覇市立商業学校などの学徒ら、約200人であった。地下司令部壕には、司令部要員1000人から1200人が任務についたが、さらにこれら学徒兵が壕内で食糧運搬や発電機係、壕掘りなどの任務につき、縁の下で司令部壕を支えたわけである。

沖縄県立水産学校の瀬底正賢《せそこせいけん》学徒（14歳）は、4月1日に学友21人と共に第32軍情報部に動員された。

「瀬底正賢さんは初めて入った首里城の地下壕に驚いた。あまりの広さに、『いつこれだけの壕ができたのか』と思った。（中略）（壕内の）全員が集合している場所に下士官が来て、整列した生徒たちを前に言う。『本日より陸軍2等兵として通信隊に配属する』。（中略）情報部の勤務だった。（中略）仕事は情報室に集められた戦闘状況や指令を司令室に報告することと、監視所（哨）から敵の状況などを報告することだった*52」

瀬底学徒は、高さ30メートル余の縦坑を昇り、背後の高さ8メートル余の岩礁に隠れるように監視を続けた。海域を埋めつくす米艦隊の数を数え、艦砲の様子や米軍機の飛来数など、情報部につながる有線電話を使い逐一報告したという。周囲には頻繁に至近弾が落下し、壕と監視哨を結ぶ電線が切れることも多かった。5月も末になると司令部壕の動きがあわただしくなり、やがて南部への転出命令が出た。瀬底学徒兵は、将校行李《こうり》を担がされ南部へと下がり、地雷の爆発で傷を負うなどしたが、九死に一生を得て南部地区から生還できた。しかし、情報部に配属された学友たちは、最前線で兵士同様に戦闘に参加し、生き残ったのは22人中瀬底学徒

1人だけだった。

一方、第32軍情報部の誇大な戦果情報を県民に流し続けたのが、沖縄師範学校の学徒からなる千早隊《ちはやたい》（情報宣伝隊）であった。これ以外にも情報は、沖縄唯一の新聞で壕内で発刊された「沖縄新報」が大政翼賛会沖縄県支部や警察などを通じ県民に配られた。

千早隊員であった大田昌秀学徒は、沖縄戦開始当初から戦場を駆け回り、第32軍情報部から受け取った大本営情報を住民に伝え続けた。特攻機が沖縄周辺の艦船群を攻撃し、大戦果を上げたと大本営が第32軍に報告すると、さっそく大田学徒らは、地下司令部壕を飛び出し、住民に「みなさん。よく聞いてください。（中略）わが軍は、敵に大損害を与えており、負けることは絶対にありません」と触れ回った。沖縄戦開始から早いうちは、住民も真剣に勝利の情報に耳を傾けたが、5月に入るとほとんどの住民は千早隊のもたらす情報を信じなくなり、ただ黙って聞き流すだけだったという。*53

なお鉄血勤皇隊千早隊は、住民への宣撫《せんぶ》工作のみならず、米軍陣地後方に潜入し、宣伝ビラ撒布や各種の破壊活動に従事する訓練も受けていたという。実際に作戦は実行されなかったが、これは長い間、関係者には秘密にされてきたものだ。千早隊員であった生存者の一人は、回想記にこう述べている。

「（戦後）最も自分を責めたてたのは、情報宣伝隊として虚偽で固められた軍の情報を、そうとは知らず真《まこと》しやかに壕から壕へと言いふらして多くの避難民を欺いて軍の虚構に巻き込んだことである」*54

回想記の筆者は、隊員時代を思い出すたびに恐怖心と罪悪感にさいなまれるという。第32軍司令部壕内では、司令部や情報部そのものが虚偽と虚勢とに支配され、実際の戦場がどうなっているか下級兵士らには一切分からなかったのが実際である。虚偽情報を戦場で拡散させ、住民を鼓舞した学徒兵の重い気持ちは、いつまでもその者を追い立てているようだ。

ちなみに先述の通り、大田昌秀学徒は沖縄戦で生存し、戦後は大学教員、沖縄県知事などを務めている。私事であるが筆者が今でもしっかりと覚えているのは、1977年6月23日の「慰霊の日」、大田宅で行なわれた沖縄師範学校同期生会の光景である。十数人の学友たちが徒手や敬礼、行進を行ない、やがて嗚咽《おえつ》しながら学友の名を呼び、それは号泣に変わり、皆その場に突っ伏してしまった。学徒隊らの残酷・無慈悲な体験が語られるが、個々人の胸中には消すことのできない痛みや叫びがあることを思い知らされた。

沖縄戦と同時期、日本国内では勤労学徒が兵器産業を支え、後方支援を行なったわけだが、沖縄の学徒は文字通り戦闘の先兵となり、司令部の礎となり、地下司令部を支えたのである。これもまた残酷・無慈悲な第32軍地下司令部の戦争遂行であった。

⑤虐殺の現場

首里城地下司令部壕で問題視されるのは、いわゆる「スパイ」と呼ばれた者の処刑や、米軍捕虜の惨殺の現場がここにあったことである。とくに日本軍に捕まった米兵が、首里に連れて来られた話が、地下司令部壕で任務についた学徒兵の記録に多く残っている。[*55]これ以外では、1945年7月19日、玉陵近くの記念運動場から米軍の埋葬死体が掘り出されてもいる。おそらくこれは、現場を目撃した日本兵が、米軍に話をして表面化したものだろう。

米第10軍情報部は、1945年7月25日に米第3海兵軍団司令官宛に、次のようなショッキングな報告を行なっている。

「虐殺（atrocity）の確証

1　45年7月19日、情報収集を目的に首里城地区を調査の折、下記に述べるような腐敗し一部が埋められたままにされている遺体を発見した（記念運動場より北側部分）。それは明らかに、米軍兵士だと思われる。

2　残された遺体の一部からかいつまんで説明すると、それら遺体の一部は、海兵隊員であると確証される。遺体には、海兵隊員であると確認できる特徴ある服、ズボン、ベルトが装着されていた。軍靴は、一般的に陸軍がつける戦闘用軍靴というよりは、標準的なものである。

（3、4省略）

5　遺体の一部から、胴体から上の部分も埋められており、首の周りにはロープが巻かれていたことが判明する。首に巻かれたロープの両端から、両腕も同じくロープで巻かれていた可能性が高いと推測される。しかし、遺体の残りは、もっぱら骨だけで、その経緯は判然とせず決定的な確証とはなっていない[*56]」

報告書から分かるのは、日本軍は米海兵隊員を捕虜にし、捕虜の首部分から両腕にかけロープを通し、記念運動場に死体を埋めたが発見されたということである。八原大佐は、米情報部の尋問に際し「沖縄作戦期間中、第32軍司令部には、誰一人として捕虜に関する報告はなかった。仮に捕虜を取ったならば、彼らはその場で処置されただろう[*57]」と述べているが、事実は日本軍による米兵への虐殺行為が首里城近辺で起こっていたわけである。米軍捕虜情報について、八原大佐を含めて口が堅いのは、その煩累《はんるい》が戦争犯罪に及び、重刑を課せられることを恐れたからであり、そのため嘘をついたのだろう。米軍では、日本軍捕虜から米兵虐殺に関わる情報収集を行なったが、ほぼ全員口をそろえて、「米兵が殺されたのは、聞いた話だ」と答えるに留まっている。

しかし、1945年5月8日、第24師団が出した命令書には、「可能な限り敵軍を捕虜にするため、あらゆる試みをなせ*58」と指示している。おそらく戦場で日本軍が捕虜にした米兵は、首里の司令部壕へと運ばれ、そこで身ぐるみ剝がれ、処分され、付近に埋葬されたのだろう。

ちなみに6月7日の米総合参謀会議席上においてG－1（総務課）が、日本軍が首里で米兵を埋葬することについて報告し、バックナー将軍はこう答えている。

「総務課（G－1）：日本軍は、首里城南（第5坑口付近）にて我が軍兵士たちを埋葬している。日本兵も同様にそこに埋葬している。

バックナー将軍：彼らが米軍の死体を隠す目的は、死体から軍服を剝ぎ取り斬り込みに使うためだ*59」

なおこの場合首里城南がどこの場所かまでは分からないが、この日の総務課参謀の発言は、海兵第5連隊が首里城南を占拠して、その後の掃討作戦で発見された米兵の埋葬死体について言及したものである。そうすると米軍でも、行方不明となった米軍兵士たちは、首里に運ばれそこで虐殺されていた事実をつかんでいたのだろう。

さらに1945年8月13日、ロバート・W・ムリンズ中尉本人が妻宛に書いた手紙が、日本軍捕虜の押収物から発見されている。なぜ捕虜がそれを持ち歩いていたかは、不明である。以下は、手紙の一部である。

「愛するマリーへ

マリー、来年の夏、一緒に計画していたことがあるが無理かもしれない。でも私の心は、いつ何時でも貴女とともにあります。貴女と子どもは、戦争が終わるまで自分の帰りを待っているから、収容所では気楽に過ごすつもりです。やがて戦争が終わり、ともに穏やかな時間を過ごし普通の生活に導かれんことを神に祈ります[*60]」

本手紙を入手した米太平洋地域統合情報センター（JICPOA）は、ムリンズ中尉の私文書をどう扱ってよいか分からないと判断した上で、ワシントンの海軍情報局（ONI）と海兵師団司令官宛に回答書を送付している。

「我々が考えるに、ムリンズ中尉は、正規の捕虜に与えられる文書の体裁（註　日本の田栗用箋に記入）で手紙を書いており（もしくは書かされた）、そのことから判断して、彼は正規の捕虜集団の中に入っていると思われる。その確証として、2人を除く米飛行士の全員は、米軍の沖縄上陸以前に日本本土に送られているからである。我々は、ムリンズ中尉も含まれていると期待している」[*61]

ちなみに沖縄作戦を通じての米軍行方不明者は、陸、海、空合わせて239人である。この中には海軍の行方不明者40人余が含まれているので、陸上の米軍行方不明者は、約200人と考えられる。

米軍は、沖縄戦のさ中、戦死者や負傷者の収容、行方不明者に対する捜索に多くの時間と労力とをかけている。これは、日米の戦い方の差ではなく、人間としての死に対する考え方の差によるものだろう。

こうして戦時下の記念運動場のグラウンドや第5坑口付近には、手荒な暴力を受け、惨殺された米兵が埋葬されていたのは米軍調査から明らかだ。果たして誰も立会人がいない犯行だったのだろうか。

日米の死体埋葬に関連して5月29日、首里城に突入しそこで1泊した海兵隊員のE・B・スレッジ上等兵の記録が残っている。

「五月もあと二、三日で終わるというある日（5月29日）の朝、わたしたちは泥土の中を移動して（首里の）丘の上に登り、晩は峰伝いにたこつぼを掘って夜をすごすよう命令を受けた。（中略）地面に膝をついて（塹壕を）掘りだした。ものの6インチ（15センチ）から8インチ（20センチ）の深さまでいかないうちに、死臭がひときわ強烈にはね返ってきた。こうなったらやけくそだ。掘って、掘って、掘りまくる以外にない。わたしは口を閉じ、息を短く浅く吸うようにしてがむしゃら掘った。（中略）『こっちはだめだ。日本兵の死体が埋まっている』」[*62]

5月30日の首里城周囲の米軍作戦地図を見ると、スレッジ上等兵の第5海兵連隊K中隊は、第5坑口近くに蛸壺《たこつぼ》を掘っている。スレッジ上等兵は、夜間待機のため、蛸壺を掘り始めたが、そこは多数の日本兵の死体が埋葬されており、それもまだ新しい死体ばかりであったという。おそらく日本軍は、戦死体を第5坑口周囲の開けた場所に埋葬し、そこが米軍の蛸壺場所と重なったのだろう。

また第5坑口の下には沖縄師範学校の実習用田んぼがあり、その中で衆人環視の下、「女スパイ虐殺」もあったことが知られている。[*63]

スパイの汚名を着せられた20歳前後の女性は、首里地区付近を徘徊《はいかい》していたところ、挙動不審者として拘束され、首里城地下司令部壕に連れて行かれた。精神に異常を来した女性は、特段の取り調べもないまま、うめき声をあげながら斬殺された。

首里城地下司令部壕の坑道出口、とくに第3坑口外の記念運動場や第5坑道出口一帯は、住民及び米軍兵士、日本兵の死体埋葬場であり、処刑場でもあった。

第5章

首里城地下司令部壕の遺《のこ》したもの

第32軍司令部壕跡。

1　大本営及び八原大佐の沖縄戦総括

１９４５（昭和20）年6月20日、大本営陸軍部は、ガリ版刷りの「沖縄戦ノ教訓（戦訓速報第187号）」を発刊し、次いで6月29日には「沖縄作戦ノ教訓（戦訓特報第48号）」を作成している。これら2本の報告書に基づいて大本営情報局は、国民向けに沖縄戦の教訓を３つにまとめて発表した。

第１の教訓は、「特攻精神の遺憾なき発揮」。
第２の教訓は、「整備された本格的築城」。
第３の教訓は、「軍に対する地方民の統制ある協力」[*1]。

第１の教訓は、大本営の誇大戦果であり、沖縄戦の場合、平均して6倍に戦果を膨らませて国民に発表した。

第２の教訓については、一考を要するものがある。高級参謀の八原博通大佐は、沖縄戦で米軍捕虜となり、１９４６年1月、日本に帰還している。その後、千葉県に置かれた政府の復員庁にて沖縄戦の総括を行ない、１９４７年2月に報告書を提出し、同年4月に郷里の島根県米《よな》

壕から追い出され、頭に生活道具をのせ、子どもを体に括りつけ避難所に向かう民間人。4月初旬。

出典／The 21st U.S.Naval Construction Battalion, *The Blackjack: 1944-1945*, 1946, p.120

子《ご》市に帰った。

「第32軍戦闘記録」（1947年2月作成）の中で八原元大佐は、「日本軍の特性」をこう述べている。

「日本軍（人）の心理を悪魔的に暴露するならば、捕虜にはなりたくない。勿論《もちろん》更に死にたくない。敢然敵と戦うのが目的でなく、上記の目的を達するような行為をするだけである。（中略）沖縄の如き島では、一部は洞窟内に逼塞《ひっそく》し、他の一部は山地若《も》しくは住民の中に逃亡する。更に小なる島では、右往左往し彷徨《さまよ》ってるあいだに全滅する」*2

沖縄戦が洞窟戦であったことを考えると、沖縄戦を戦った兵士らは、命が惜しくて洞窟内に引きこもり、あるいは住民の中に逃げ込んだと八原元大佐は厳しく総括している。八原元大佐が名づけた「寝業戦法」は、地下陣地から出撃し、本土決戦を一日でも遅れさせる最善の方法だと言われたが、実際には臆病な洞窟作戦であったわけだ。

ちなみに沖縄の日本軍陣地について、先述のトマス・M・ヒューバー氏が、詳しく論じている。ヒューバー氏によれば、それまでの日本軍は、犠牲的精神に支えられた兵士たちが陸上戦闘を繰り広げてきたが、沖縄戦では地下陣地にこもり、持久戦術で戦ったのが特徴的だという。とりわけ沖縄戦は、米軍戦車と洞窟陣地にこもる日本兵との攻防がすべてであったという。その中で、司令部は、首里城の地下にあったので、司令部は安泰であった。反面、「戦闘は美しい歴史的建築物を消滅させ瓦礫の山（月クレーター）に化してしまった[*3]」と述べている。

沖縄戦が洞窟戦になると予想した米軍は、日本軍洞窟陣地に対して火炎戦車攻撃をはじめ、ガソリンや重油、ナパーム弾の使用による焼殺や生き埋め作戦を展開した。こうして洞窟で繰り広げられた戦闘行為は、兵士のみならず住民多数を巻き込む凄惨な殺戮に行きついてしまった。この間、第32軍司令部は命令を出し続け、兵士に死を強要し、やがて人間性を喪失していったのが首里城地下司令部の実体であった。

もともと大本営は、地下陣地にこもる第32軍の「寝業戦法」には批判的であった。前述したように、5月4日の日本軍唯一の総攻撃は、完全に敗北であった。この結果を受けて5月6日、大本営陸軍部戦争指導班は、『機密戦争日誌』に「一旦（敵の）上陸を許せば之《これ》を撃退するのは殆ど不可能。洋上撃滅思想の徹底により不可能を可能になるようにさせねばならない。これは本土決戦への覚悟なり」[*4]と述べている。大本営としては、総攻撃の失敗よりも米軍を無血上陸させたことをそもそもの沖縄戦敗北の原因とみなしたわけである。

さらに大本営の戦争指導班は、第32軍司令部が首里城地下司令部壕から脱出し、摩文仁丘の司令部壕に到着した5月31日、同じく『機密戦争日誌』にこう書いている。

「第一総軍（関東地区部隊）と第十方面軍（台湾軍）の状況報告を聴く。兵力温存絶対持久主義が沖縄作戦を害し、且《か》つ本土作戦をむしばみつつあるを感取する」[*5]

東京の大本営から沖縄の第32軍を見れば、ひたすら兵力を温存し、洞窟に閉じこもるばかりで、結果的に本土決戦の準備に弊害が出ていると考えたのである。この場合の「絶対持久主義」とは、闘わずして時間を稼ごうとする日和見主義的な戦闘士気を指し、作戦本来の「持久作戦」とは異なるものと見たのだろう。こうした単なる時間稼ぎの沖縄作戦が、本土の戦争準備に大きな阻害となっているとも批判している。有り体に言うならば、「いつまでも持久作戦を続けないで欲しい」ということである。これがいわゆる「トカゲの尻尾切り」という戦争観である。

一方、大本営は、沖縄戦が始まる前から本土決戦のための防衛構想を以下の3点から定めていた。

1つは「水際作戦」、

2つは米軍上陸に対する「陣地構築と要塞化」、

3つは「国民総動員」である。

このうち1つ目の「水際作戦」の考えは、1945年1月の「帝国陸海軍作戦計画大綱」で指摘されていたものである。これは、米軍の本土上陸に際しては航空機による特攻攻撃を行ない、水際で米軍艦船を叩く考えであった。沖縄戦は、米軍に出血を強要する持久作戦であったが、本土決戦は沿岸部で米軍の上陸を食い止める「貼りつけ」戦闘として準備がなされた。

2つ目の「陣地構築と要塞化」は、同年3月に決められた「国土築城実施要綱」に示されたもので、国内全土に防衛陣地を造り、戦場化する準備を命令したものである。

3つ目の「軍に対する地方民の統制ある協力」については、1945年3月、「国民義勇隊」の結成が閣議で決定された。これは、国民すべてを本土決戦の要員とするもので、築城や防空、救護などの国内防衛支援に国民を総動員するものであった。

結果的に本土への米軍の上陸作戦はなく終戦が図られたが、米軍の空襲や原爆などにより多くの国民が戦争の犠牲となった。

かくして、第32軍司令部は、南部摩文仁丘に撤退し、6月22日（23日説もある）牛島司令官及び長参謀長が自決した。3カ月余の戦闘で日本軍将兵（県出身者を除く）6万5908人、米軍将兵1万2520人、県出身軍人・軍属2万8228人の戦死者が出た。また、一般県民9万4000人（推定）が犠牲となった（以上、1976年、沖縄県平和祈念資料館資料による）。沖縄戦とは、残虐、非道な戦いで、お互いに敵を殺戮し、殲滅しようとした戦いであった。

2　戦争加害者としての地下司令部壕

沖縄戦は、15年戦争の最後の地上戦で、大東亜共栄圏構想の終焉《しゅうえん》でもあった。15年戦争の戦争犠牲者は、「ある推定によれば、（中国、朝鮮、フィリピン、台湾、マレーシア、シンガポール）その他、ベトナム、インドネシアなどをあわせて総計で1900万人以上になる。日本が戦った戦争の最大の犠牲者はアジアの民衆だった」*6と言われている。

沖縄地上戦が今次世界大戦の最後になったということは、日米両軍挙げて持てる力量や経験を発揮し、戦ったということである。その結果、沖縄の日本軍は完膚無きまでに叩かれ敗北を遂げ、住民多数も犠牲となった。

ところで第32軍は、それまでの日本軍の戦いと異なる戦法をとり、敵を迎え入れての地上戦へと突入して行ったことはこれまで見てきた通りである。これについて長参謀長は、沖縄戦が始まる前から何度も民間人にこう語っていた。

「敵が上陸し戦いが激しくなれば増産も輸送も完封されるかも知れぬ。その時一般県民が餓死するから食糧をくれなどと言ったって軍はこれに応ずるわけにはいかぬ。我々は戦争に勝つ重大任務遂行こそ使命であり、県民の生活を救うがために負けることは許されるべきものでない」*7

この長参謀長の発言は、1945年1月段階のものだが、これより前の1944年11月に内務省から事務官が沖縄に派遣され、直接長参謀長から軍部の対住民対策を聞いている。12月15日、事務官の沖縄情報が、昭和天皇の弟である高松宮親王の御用掛《ごようがかり》（情報や意見の収集担当）、細川護貞《もりさだ》に伝わった。

「(10・10沖縄大空襲の後、軍部は)占領地に在るが如き振る舞いにて、軍紀は全く乱れ居り、指揮官は長某にて、張鼓峰《ちょうこほう》の時の男なり。彼は県に対し、我々は作戦に従い戦いをするも、島民は邪魔なるを以て、全部山岳地方に退去すべし、而《しこう》して軍で面倒を見ること能《あた》わざるを以て、自活すべしと暴言し居る由。島は南に人口大半集り居り、退去を命ぜられたる地方は未開の地にて、自活不可能なりと。しかも着のみ着のままにて、未だに内地よりも補給すること能わず、舟と云う舟は全部撃沈せられ居れりと[*8]」

細川日記は、12月16日に記されたもので、内務省は軍部の動向に神経を尖《とが》らせ、沖縄県が実際にどうなっているかを調べたのであるが、案の定沖縄は、ほぼ軍部の支配下にあることが判明した。

米軍の沖縄侵攻の危機が増すにつれて、長参謀長は、さらに激越な言葉を用い、県民を激励し始めた。

「不遜にも敵は遂にこの南西諸島に牙を向けて来た。米獣必殺の宝剣は正に抜き放されんとし殺気ひしひしと迫る。(中略)敵はその頼む物を誇って押し寄せて来るであろう。それだけにこの吸血ポンプは一人十殺を決意し(敵を殲滅するのを疑わないことだ)。県民は心静かにこれを祈るとともに、自ら進んでその実現に立ち上がるのみである[*9]」

長参謀長が述べた「吸血ポンプ」とは、敵を消耗戦に持ち込み、努めて多くの出血を強要する考えを述べたものだ。第32軍は、「一人十殺」や「吸血ポンプ」などといったスローガンを掲げ、兵士や民間人を鼓舞した。この戦闘指針は、戦闘が始まっても変わることはなく、住民を戦場地に放置したまま地下司令部壕から戦闘を指示し続けたわけである。

ところで戦場を彷徨《ほうこう》し、戦場から生還できた者たちの戦後の戦争談議は、総じて失意と絶望に包まれている。それは丸ごと戦争被害者の語りであり、暴力の惨禍を余すことなく伝えるものである。ただし、第32軍地下司令部壕だけは、違っていた。これまで見てきたように、記憶すら凍《い》てつく戦場の悲惨さがあったが、地下司令部壕では、それを戦場の「常態」とみなし、あくなき戦争指導を続けたわけだ。それは、第32軍司令部にとり沖縄戦は予想通りの戦闘で、組織を挙げて敵に反攻し、一日でも長く戦闘を続けるものであったからである。戦争が始まれば、住民は戦争の只中に放り込まれるが、長参謀長が豪語するように「我々は戦争に勝つ重大任務遂行こそ使命であり、県民の生活を救うがために負けることは許されるべきものでない」と決めてかかっていた。日米軍挙げて、熾烈な島嶼戦《とうしょせん》が戦われたが、地下司令部には民間人の生命や財産に対する配慮は一切なく、それはアジアの占領地で示した民間人に対する日本軍の残虐な戦争行為と変わるのものではなかった。

ここに、中国と沖縄の2つの戦場で戦った一人の元日本兵の証言を紹介したい。

第62師団の第13大隊に所属した近藤一《はじめ》伍長は、中国山西省と沖縄で戦った歴戦の兵士である。1940年12月、20歳で徴兵され、4年近く中国で八路軍と戦い、1944年8月に沖縄に上陸している。沖縄戦では宜野湾村嘉数の戦闘で重傷を負うも一命をとりとめ、1946年1月、第一次帰還船で本土に復員できた。近藤氏は、60歳過ぎから戦争体験を語り出し、80歳を過ぎたころから市民団体と頻繁に中国や沖縄を訪ね、2つの戦場で自分や仲間たちがいかなる戦闘を行なったのかを証言している。

近藤伍長によると1945年5月末、部隊は首里市末吉町《すえよしちょう》から南部に撤退することになった。部隊は、東風平村を経由して脱出を図るが、その途中に「魔の三叉路」と呼ばれた交通の要衝地があった。米軍は、日本軍の退避路をいち早くつかみ、艦砲射撃で三叉路に巨弾を撃ち続けた。近藤伍長も、部隊と共に魔の三叉路に差し掛かった。

「東風平の三叉路で初めて、沖縄の住民の無残な状況を目の当たりにしました。我々は中国で、赤ん坊が死んだ母親にしがみついておったのを見捨てて行ってしまった。（中国で）女の人がウンウン唸《うな》り、老人が倒れて何か言っているのを蹴ちらしてきた。（中略）照明弾で（東風平三叉路が）照らされる辺り一面には、住民の死体が転がり、赤ん坊がわあわあ泣いている。（中略）

私たちが中国でやったことが何十倍にもなって沖縄で起こっていたのです[*10]」

兵士や民間人の区別なく、「魔の三叉路」は死体で覆いつくされていたと多くの証言が残っている。中国での日本軍の加害体験は、今度は米軍により沖縄でも同様に繰り返された。近藤元伍長の2つの戦場体験は、中国から沖縄へとほぼ1本の線で結ばれている。日米軍の立場の違いはあるが、アジアでも沖縄でも無抵抗の人間が虫けらのように殺され、手を差し伸べるものは誰もいない。結局、第32軍司令部とは、驕《おご》りと虚飾に満ち、破壊と残虐行為を働いた軍の最高司令部であったのは間違いないだろう。

3　島田叡《あきら》沖縄県知事の果たした役割

第32軍司令部を語るとき、どうしても島田叡沖縄県知事の戦時行政は避けられない。それは、第一義的に県民の生命と財産とを守るべき沖縄県知事が、県民に対しいかなる施策を行なったかが問われるからだ。第32軍地下司令部は、軍の最高司令部として県下に作戦指令を出したが、民間人に対しては、島田沖縄県知事が全権を握っていた。

島田知事が沖縄に着任したのは、米軍の沖縄侵攻が予想されるさ中の1945年1月31日であった。知事と共に沖縄防衛の任務に当たる第32軍司令部は、軍事国家に通底する職業的倫理と滅私奉公精神を併せ持つ組織であった。この中で島田知事は、短時間で軍部との強い関係を構築し、ついに沖縄戦に突入して行った。

米軍の本島上陸からほぼひと月が経とうとした4月27日、島田知事は南部一帯から市町村長を首里市繁多川の県庁壕に招き、最後の市町村長会議を開いた。このとき知事は、「毎日のように（住民の）犠牲者も出ているがこれは誰のためか。醜敵米獣《しゅうてきべいじゅう》のためである。これを思い、われわれは本当の意味で敵がい心を燃やし、米兵と顔を合わす時が来たら、必ず打殺そう」[*11]と訓示している。敵が来れば、「必ず打殺そう」と述べたのは、行政の最高責任者として禍根を残す言葉である。この会議を取材した一記者は、そのときの様子をこう述べている。

「南部にいる住民をどうするか。（中略）まず、避難民に満足な壕を与えなければならない。村長が率先して避難民に壕を与えるよう村民を指導していく」[*12]。続けて知事は、「生命を無駄に捨てぬために、安全な壕によることは当然であるが、余り引込み過ぎて臆病になってはならぬ。一たん使命達成の場合は敢然と壕を飛出して勇敢に行動せねばならぬ」[*13]とも述べた。これは、敵を打ち負かすため、壕にばかり隠れてはいけないという捨て身の戦法を述べたもので、沖縄日本軍が唱えた「寝業戦法」「斬り込み攻撃」と根は同じである。

第32軍司令部が南部に脱出することを決めた直後に島田知事は、「県民へ」と題する檄《げき》を飛ばしている。島田知事の檄文は、「沖縄新報」に掲載され、それを海軍「巌《いわお》」部隊が隊内紙「巌陣中便り」の5月24日版に転載している。その中で県知事は、5つの檄を飛ばしている。

「1　米兵を殺せ

仮に米軍に捕まれば、確実に殺される。敵兵は、男女とも殺戮し続けている。竹槍《たけやり》であろうが鍬《くわ》だろうが、米兵を殺せ。それ以外に、生きながらえる術《すべ》はない。(中略)

2　生存のため機密を守れ

陣地の場所やいかなる軍事施設についても話すな。これらが敵に漏れると、敵の艦砲射撃や空爆の目標を教えることになってしまう。(中略)もしスパイとして潜入したような疑いのある者を見かけたら、軍か警察に届け出よ。

3　敵がパラシュートで落下したならば、槍で敵を突き刺し殺せ(中略)

4　食料の確保

これから先、食料については問題がない。砲爆撃の間に、芋を植えよ。穀物は、刈り取らねばならぬ。夏野菜も十分な供出ができるよう育てよ。

5　壕内の生活状況を改善せよ
多くの壕は、十分とはいえず、さらに時間と労力をかけ補強せよ。壕内の指導者は、壕の整頓と衛生の改善を直接働きかけよ[*14]」

ちなみに島田知事の「竹槍であろうが鍬だろうが、米兵を殺せ」という県民向けの激烈なメッセージは、戦場地沖縄にだけ発せられた言葉ではない。1943年には陸軍教育総監部が「竹槍術」訓練の指導書を作成したが、それがまたたく間に全国の学校、警防団、婦人会などに広がった。竹槍訓練は、戦意高揚と国民総動員の手段ともなり、1945年には、「決戦兵器」と称され、主要装備の一つにまでなっている。とくに戦場化が予想された沖縄県では、軍への奉仕作業の合間に竹槍訓練や防火訓練が行なわれ、学校では竹を尖らせた槍で、藁人形《わらにんぎょう》を突き刺す竹槍訓練も行なった。1945年2月から3月にかけ、ほとんどの沖縄住民の住宅入口には、竹槍が立てかけられ、米軍が上陸してきたら、これで敵を突き刺せと伝わっていた。ところで、戦場下の知事メッセージを手にした米軍は、民間人といっても彼らは敵の住民であり、住民も武装し、自分たちに向かってくると判断し、兵士・住民の区別なく殺傷し続けたのは間違いない。

さて、沖縄戦の最終段階まで第32軍司令部要員と行動を共にした者に、長勇参謀長付秘書をしていた水島八郎軍属がいた。水島軍属は、司令部の指示に基づき捕虜になった。同秘書は、摩文仁の第32軍司令部壕内の話として、「もし投降勧告がなされれば、島田知事はその時点で降伏要請に応じるはずだ」[*15]と証言している。このヒューミント（人的評価）情報は、摩文仁丘の第32軍司令部壕内で共有化され、それを参謀長付秘書が米軍に伝えたものである。戦後、巷間《かん こう》では、島田知事が民間人に「生きろ」と叫んだという話がある。ただし、島田知事自身が県民に竹槍反攻を呼び掛けており、現実に「生きろ」と呼び掛けることは不可能であっただろう。

4　戦場の沖縄人の行動と措置

沖縄地上戦が開始され約3週間が経過した4月20日、大本営陸軍部は、やがて戦闘が本土に及ぶと判断し、「国土決戦教令」を国内全部隊に配布した。教令では上陸した米軍が、老幼婦女子を軍の先頭に仕立て、日本軍の戦意を削《そ》ごうとするだろうと予測している。「（こうした場合）我が同胞は己の生命の長きを願わんよりは、皇国の戦勝を祈念しあるを信じ敵兵撃滅に躊躇すべからず」[*16]と記述されている。これは、敵の手に渡った住民は、米軍の弾除《たまよ》けに使われようが、そもそも住民は日本の勝利を願っており、敵の攻撃の際に住民は犠牲にしてもかまわないとの考えを述べたものだ。日本軍にとり、兵士はもちろん、民間人も敵に投降することはありえず、直接米軍の盾となった民間人は犠牲、すなわち処分しても良いと考えたのだろう。

住民を盾にして米軍が日本軍に迫る考えは、日本本土よりも早く第32軍司令部が各部隊に訓示した「戦闘指針」で指摘されている。1945年3月23日、沖縄は早朝から米軍の激しい空襲に見舞われた。この日を境に住民は、徒歩で北部を目指し、道端や洞窟、山間部にて夜を明かした。そのとき、第32軍司令部は、「第32軍戦闘指針第12号　斬り込み攻撃心得」（昭和20年3月23日）を作成し、全軍に通達している。

「1　敵は民間人と共に警戒網を張り巡らせる。この前線を突破すると警戒網が緩む。

（2、3は略）

4　迫撃砲陣地を発見するとすぐに米軍は、そこを民間人と正規軍とでもって包囲し、機関銃などで集中射撃網を張り、激しい発砲を開始する。

5　敵の自動車部隊は夜間に駐車場を建設し、車両を容易に移動できるようにする。警戒のため駐車場の周囲に民間人による輪（人間の盾）を築き、誰かが近づくと照明弾を使い機関銃を激しく撃ってくる。

6　夜間に敵は、指揮所と大砲の周りに見張りを潜ませる（多くの場合民間人）。彼らは、電話で連絡を取り続け、すぐに発砲する[*17]」

「斬り込み攻撃心得」が配布された時点で、米軍はいまだ沖縄に上陸はしていない。しかし第32軍司令部では、民間人が敵に捕らえられると、米軍の弾除けとして使われ、駐車場や夜間の米軍駐留地では人間の盾（円環状）として使われるだろうと想定した。日本軍からすれば、米軍は民間人を利用して卑劣な戦闘を行なうだろうと考えたのである。米軍への斬り込み攻撃の際、日本軍には住民をいかにするかの問題があるが、おそらく「国土決戦教令」に書かれた内容と同じ考え方であっただろう。そもそも日本軍には、敵に投降したり保護されるという考えはなく、住民も同様と考えられていたからである。

これについて日本占領史研究者の竹前栄治《たけまええいじ》氏は、「日本では戦陣訓の『生きて虜囚の辱を受けず』などが兵士・軍属に叩き込まれていたため、彼らは敵の俘虜《ふりよ》や占領地の住民も同様の考えをもっていると思い込み、人権などに配慮すること（はなかった）[*18]」と述べている。くしくもこれを立証したのが、「国土決戦教令」の内容であり、第32軍司令部が出した「斬り込み攻撃心得」であったわけである。

ちなみに沖縄の日本軍は、避難民収容所（米軍では住民キャンプ地と呼称）に押し入り民間人を殺したり、キャンプ地そのものを攻撃したりなどしている。

例えば、キャンプ・コザと呼ばれる収容所に日本軍が攻撃を加え、住民多数が亡くなる事件が発生している。キャンプ・コザで亡くなったのは、津堅島《つけんじま》住民であった。4月23日から24日にかけて、津堅島で住民430人余が米軍に保護され、キャンプ・コザに運ばれた。津堅島住民が、九死に一生を得て収容所でやっと一息ついた4月26日の午前3時30分だった。

「突然日本軍砲撃が始まった。住民のキャンプ地が、日本軍の砲撃を受けた。（中略）1発の砲弾が、民間人（津堅島住民用）居住地第11号の中央に着弾し、19人が殺され、重傷者は23人であった[*19]」と米軍収容所日誌に記載されている。

この日の出来事は、民間人収容所にいる者は全員スパイ・敵性国民であるとみなした日本兵による「見せしめ砲撃」だったと言われている。

また、軍とは別に沖縄県警察でも、文書（1945年）を策定し、その中に「変装した警察官あるいは民間人から選抜した密偵は、敵に占領された地域に潜入し、敵の状況を偵察すべし。（中略）もし敵への協力者を発見すれば、殺すか、あるいは然《しか》るべく処置すべし[*20]」と定めたことも明らかになっている。

第32軍司令部には、住民向けの指導書やマニュアル的なものはなく、棄民よろしく戦場に投げ出された住民は、軍や沖縄県の庇護《ひご》がないまま戦場を彷徨い、多数が戦場死を遂げたのである。

エピローグ　戦争の予感と恐れ

「台湾有事」を名目に日本防衛の拠点が、南西諸島から東シナ海に広くせり出してきた。2014年から2015年にかけて、沖縄県に自衛隊の進出が図られ、2016年には与那国島《よなぐにじま》、2019年には宮古島《みやこじま》、2023年には石垣島《いしがきじま》に自衛隊駐屯地が新設された。さらに与那国島には監視レーダー、うるま市に陸上自衛隊の地対艦ミサイルが配備され、海洋進出を強める中国を対象に沖縄のミサイル要塞化を進めている。こうした一連の「南西シフト」への動きについて沖縄のメディア・県民は、「真に戦える自衛隊配備だ」「国防の押しつけだ」「沖縄の軍事要塞化だ」と軍備拡大・先島配備に抗議している。

本書では、これまで首里城地下司令部壕を中心とした沖縄戦の実相に触れてきたが、改めて戦前の第32軍の沖縄配備と現在の「南西諸島シフト（重視）」配備計画を比較してみたい。

考えるべき1つ目は、奄美《あまみ》大島から南西諸島へと連なる一連の自衛隊配置である（203頁の図）。これは、南西諸島が敵攻撃への最前線基地として選ばれたことを意味している。こうした軍備計画は、沖縄戦開始前に展開された飛行場建設とそれに伴う航空機の出撃拠点構想と瓜《うり》二つである。

大本営は、敵の奇襲作戦に対抗するため南西諸島一帯に15か所の飛行場を建設させた。こうして全島の要塞化を進め、沖縄に侵攻する敵軍を戦闘機でもって洋上で撃滅する方針を固めている。

2022年11月には、与那国島においてX国からの弾道ミサイル発射に備えた住民避難訓練が実施されている。さらに2023年1月には那覇市で避難訓練が行なわれている。しかし、敵からミサイル攻撃を受けたと仮定すること自体が、いわゆる戦争の勃発を仮定したものであり、避難訓練をしたからと言って住民が安全に退避できるか否かは別な問題である。

2つ目は、陸上自衛隊が南西諸島の有事に備えて陣地構築のため琉球石灰岩の掘削とその方法について爆破実験を行なっていることである。これらは、地下陣地として使う「シェルター建設」計画の一部で、陸上自衛隊那覇駐屯地や石垣市の陸上自衛隊駐屯地の一部はすでに「地下化」が計画されている。また与那国町《よなぐにちょう》は、緊急時の住民退避所としてシェルター建設を国に求めているが、これらシェルター建設計画は、沖縄戦の築城戦術と通底するものがある。

琉球石灰岩の爆破実験とは、地上戦闘を想定しての陣地構築にほぼ間違いない。沖縄戦で最後まで敵の攻撃に対応できた日本軍壕は、浦添村「前田高地壕群」や「首里城地下司令部壕」など、数える程度しかなかった。これら日本軍の壕は、サンゴ礁岩盤を鉄筋コンクリート作りのペトン（保留）に見立て、その下のドタン層（泥岩）を緩衝地盤とし、さらにその下に地下坑道を掘り込む方式を採用したものだった（43頁の首里城の地層図参照）。

これら地質を活用すれば、基本的には今もなお強固な地下陣地やシェルター建設が可能だろう。もちろんその場合、強固で安全な司令部などは、沖縄戦同様に地形の利を生かした場所に構築されることは間違いない。しかし、住民用の退避壕、あるいはシェルターは、沖縄戦が立証したように現実的に退避不可能である。

3つ目は、「国民保護法」に定める住民避難の実効性である。沖縄戦では、民間人多数が沖縄に取り残された。その結果民間人が軍部の手足となり戦場動員され、ついには本島

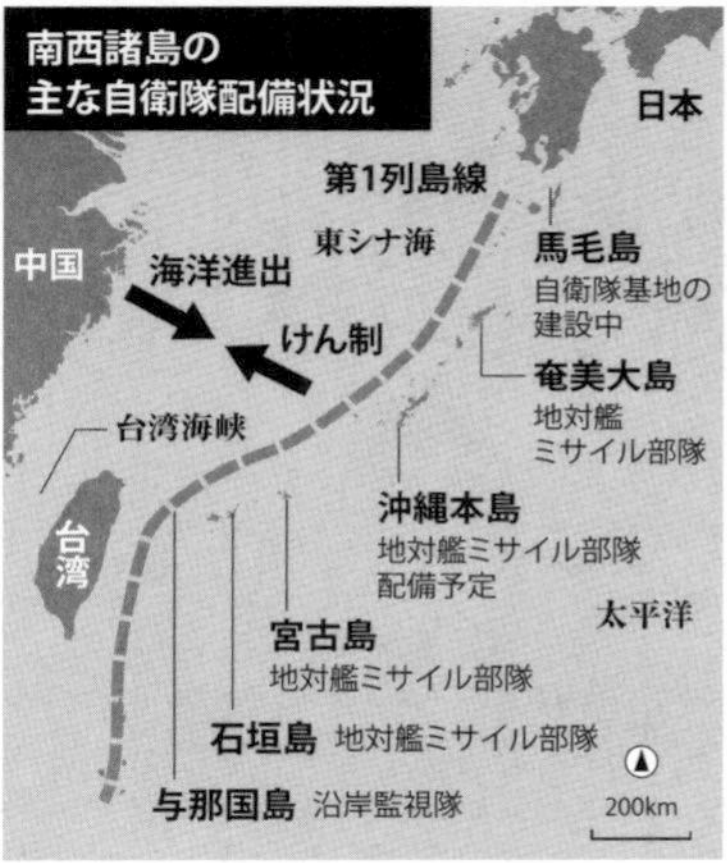

出典／「毎日新聞」2023年3月17日の図をもとに作成

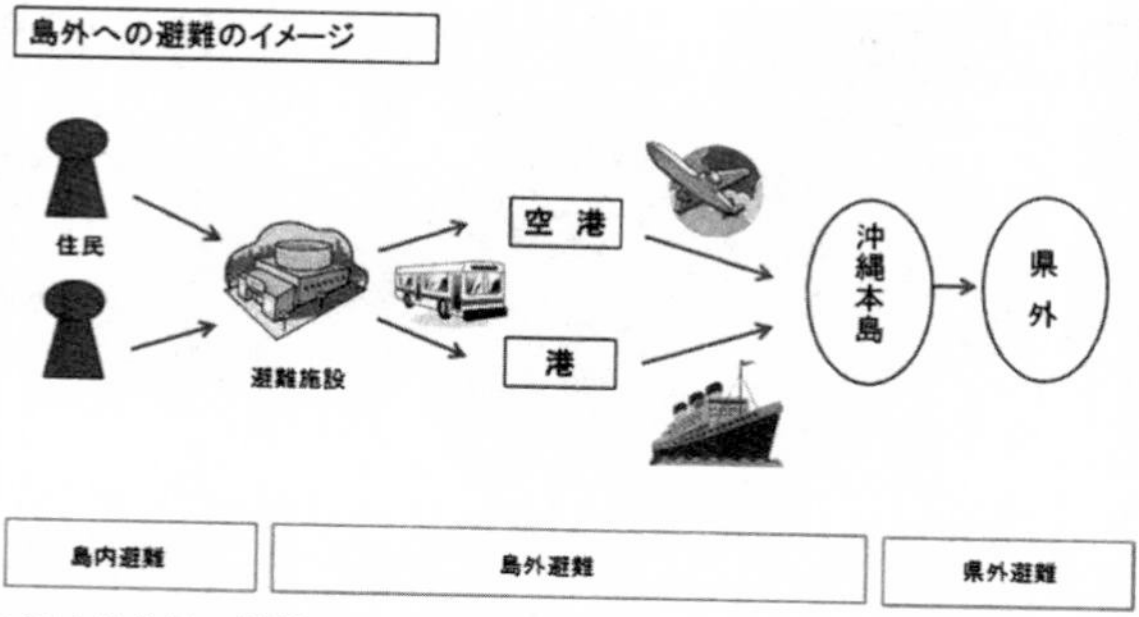

離島における住民の避難。

出典／『石垣市国民保護計画の概要』令和元年12月（https://www.city.ishigaki.okinawa.jp/material/files/group/3/03_81530926.pdf）

南部に追い詰められ犠牲となった。それまでに軍部や沖縄県が計画した疎開計画もあったが、制約や制限が多く、緊急事態下ではほとんど効を奏しなかった。「国民保護法」に基づき２０２２年に沖縄県が試算した計算によると、11万人の民間人を先島《さきしま》諸島から九州に移送する（航空機や船舶利用）には、10日間ほどかかるとのことだ。さらに沖縄本島から島外に民間人を運ぶとなると、あらゆる輸送手段を使ったとしても優に40日以上かかると試算されている。

沖縄戦の場合、住民疎開は、曲がりなりにも地上戦闘が開始される半年前の１９４４（昭和19）年８月から準備されていた。それでも民間人が乗船し、米潜水艦により撃沈された船舶は、20隻以上にも及び、沖縄関係死没者は約３５００人に上っている。とりわけ米潜水艦ボーフィン号による「対馬丸《つしままる》」への攻撃・沈没は最大の撃沈事件であった。1944年8月22日、疎開学童、引率教員、一般疎開者、兵員ら1788人が乗船していたが、この日、疎開学童784人を含む1484人が死亡した。15年戦争を通じ、約4500人の県民が、船舶の撃沈で死亡している。

一方、九州へ疎開できたものの、生活支援を絶たれ悲惨な市民生活を送らざるを得なかった者も多い。

翻って与那国島を始め南西諸島に有事が発生した場合、果たして自衛隊（軍）は、民間人に救助の手を差し伸べることが現実的に可能だろうか。沖縄戦の例に照らすと、それは不可能なことが分かる。そもそも有事の際、戦闘と民事に関わる者を二分することは困難で、自衛隊に協力できない民間人は足手まといとなって排除されるだろう。沖縄戦での民間人の県内退避行動を見ると、現実的に島々のどこにも安全な場所や「避難回廊」は見つからず、避難は不可能であった。

最後に、2022年12月に閣議決定された「国家安全保障戦略」「国家防衛戦略」「防衛力整備計画」の安保3文書について述べたい。

安保3文書の骨幹は、それまで200キロ程度だったものを、1000キロ離れた相手国のミサイル発射拠点への反撃能力の保有を認めたことである。これは、専守防衛を大きく踏み越え、集団的自衛権の行使も含んだ反撃能力への一大転換となるものである。この戦争シナリオに描かれた地域が、南西諸島である。この間日米合同軍事訓練が相次いで展開され、それはアジア・太平洋諸国との共同訓練にまで拡大している。

そうではあっても沖縄戦体験と「命こそ宝」の精神的遺産は、現今の危機的状況に大きな歯止めとなっているのは間違いない。二度と島々を戦場としないために、人もモノも戦場動員されないよう警戒心を持って進みたいものである。

おわりに

　首里高台から戦況を眺め、地下司令部から命令を出し続けた第32軍司令部壕は、敵や味方に関係なく「死」を求めた号令者の壕であった。その精神や指揮命令は、アジアで示した日本軍の振る舞いと同じで、それだけに首里城地下司令部壕は、15年戦争の加害者の実体を示し、さらに住民被害を感得できる重要な戦争の跡地である。今後の保存作業の中で、沖縄戦時の加害や被害の実例が出て来るかもしれない。

　また米国公文書館には、日本軍が司令部壕焼却炉に放置した情報関係記録が多数保管されており、沖縄戦の指紋が付いているありとあらゆる証拠を、今度は日本側が回収し、改めて戦争行為の実体を解明せねばならない。

　ちなみに米国の戦争研究者は、沖縄戦の壕をめぐる戦闘は、最も死者が多くなる戦争だったと指摘している。沖縄戦の渦中の80日間余、長期に安泰だったのは首里城地下の第32軍司令部だけだろう。この場所は、戦闘の心臓部であったが、有線・無線など、情報中枢組織から守られていた。それだけに戦場で血涙を流し、もがき苦しむ兵や住民の姿は、遠い存在だった。

沖縄戦は、15年戦争の帰結であるが、日本軍司令部の果たした役割と対住民への対応を見ると、日本軍支配下にあった植民地・占領地とほぼ同様である。植民地や占領地の固有の文化や伝統を否定し、さらには占領地の言語まで否定するに至っている。沖縄も同様であった。伝統文化が非日本的文化でもあるかのように排斥され、言語はスパイ用具の一つとみなす者まで出てきた。

アジアの占領地にあって民間人は、日本軍の敵とみなされ何ら保護や支援はなされなかった。占領地住民は、家や財産を奪われ、戦場に放逐され、大量死を遂げている。これまた沖縄戦の民間人も同じで、日本軍にとり戦場の住民は、足手まといな占領地住民と同じであった。戦場に倒れ、ひれ伏し、涙を流し、愛する者の名を呼び、幼き子の腕をつかみ、老若男女が命を消していった。戦争中も、戦後も（旧）軍部が、民間人に対し責任を負うことはなかった。当初から、軍部と協力できない住民は沖縄にあってはならない存在だったのである。

ところで植民地下の日本軍司令部は、敗戦とともに加害の証拠を消し、事実の隠滅を図ろうとした。沖縄の第32軍地下司令部壕も、同じであった。戦争加害者の壕は、人々の目に触れてはならない壕であり、そこは、戦争暴力の源でもある。人が人でなくなり、軍隊は民間人を守らなかったと形容される沖縄戦だが、それもこれも、首里の地下司令部から出された命令によるものであったのは間違いない。

戦後から80年が経とうとしているが、首里城地下司令部壕の実体解明はこれからである。首里城地下司令部壕をこじ開けるということは、沖縄戦の日本軍の悪行の痕跡を掘り起こし、あわせて米軍攻撃によりいかに多数の住民が亡くなったかを明らかにすることである。さらにまた、これら戦争の加害・被害の実体を広く日本、アジア諸国に伝えることであろう。そのためにも、復興が進む首里城の下にある地下司令部壕で、当時何が行なわれていたのかを知り、現在を生きる私たちが直面する課題や疑問を多角的に学びたいものだ。どうか歴史の中にたたずむ首里城だけを見学し、その思い出を持ち帰るだけでなく、地下司令部壕跡とも向き合っていただきたい。

本書刊行までに多くの方にご支援・ご協力をいただいた。このたびの新書刊行については、建築家の福村 俊治《しゅんじ》氏の提案に負うところが大きかった。沖縄県公文書館の仲本和彦班長をはじめ、福村朝乃さん、元研究員の清水史彦氏にも資料の件でご面倒をおかけしました。映画監督の三上智恵さんには本書刊行までに有形・無形の大きな力をいただいた。またいつも背中を押してくれる妻の美枝子にも、感謝する次第である。

2024年5月　　　　保坂廣志

註

プロローグ

＊1　柳宗悦「沖縄人に訴ふるの書」、谷川健一編『わが沖縄』上、叢書わが沖縄第一巻、木耳社、1970年、82頁。

＊2　A.P. Jenkins, ed., "The Battle Diary of Lt. Gen. Simon Bolivar Buckner, 1945,"『琉球大学言語文化研究所紀要』第6号、1997年、111頁。

＊3　NARA RG38 Box1241 A1-351 WWII AR MISSISSIPPI Ser. 0124 Action Report-Bombardment Operations against Okinawa Shima during period 6-16 May 1945.

＊4　US Navy, *The History of the U.S.S. New York, BB-34* (1945). World War Regimental Histories. 162. p.54.

＊5　Thomas M. Huber, *Japan's Battle of Okinawa, April-June 1945*, Leavenworth Papers Number 18, Combat Studies Institute 1990, pp.41-46 参照。

第1章

＊1　八原博通『沖縄決戦—高級参謀の手記』読売新聞社、1972年、32頁。

＊2　第10師団「第九師団戦史」(https://www8.cao.go.jp/okinawa/okinawasen/pdf/b0305362/b0305362.pdf) 212頁。

＊3　同右、213頁。

＊4　保坂廣志『沖縄戦捕虜の証言—針穴から戦場を穿つ』上、紫峰出版、2015年、195頁。

＊5　保坂廣志『沖縄戦捕虜の証言—針穴から戦場を穿つ』下、紫峰出版、2015年、262頁。

＊6　宮里俊光「戦禍の渦」、沖縄県立沖縄工業高等学校同窓会編『工の絆』1995年、235頁。

＊7　沖縄県神社庁ウェブサイト (http://jinjacho.naminouegu.jp) を参考とした。

＊8　後田多敦『琉球の国家祭祀制度—その変容・解体過程』出版舎Mugen、2009年、第二章を参照。

＊9　大田昌秀『沖縄の民衆意識』新泉社、1976年、390頁。

＊10　鳥越憲三郎『琉球宗教史の研究』角川書店、1965年、660頁。

＊11　仲吉良光「艦砲下の首里落ち」、『おきなわ』第1巻、おきなわ社、1950年7月号、41頁。

＊12　八原、前掲、97頁。

＊13　吉浜忍「10・10空襲と沖縄戦前夜」、『沖縄戦研究Ⅱ』沖縄県教育委員会、1999年、202頁。

＊14　月居義勝『一兵士の記録—私の沖縄戦』文芸社、2001年、134頁。

＊15　同右、207頁。

＊16　加治順人「沖縄の神社、その歴史と独自性」、『非文字資料研究』16号、神奈川大学、60頁。

＊17　「沖縄新報」(1945年2月11日) 掲載の長参謀長談。

＊18　八原、前掲、88頁。

＊19　歩兵第89連隊「鋸山野戦築城施設実施計画書」1941年。https://www8.cao.go.jp/okinawa/okinawasen/pdf/b0304072/b0304072.pdf

＊20　沖縄師範龍潭一八会『龍潭の畔で結んだ友情』沖縄師範龍潭一八会、2005年、149—150頁。

＊21　沖縄師範学校龍潭同窓会編『傷魂を刻む』龍潭同窓会、19

８６年、１４６頁。

*22 渡久山朝章『南の巌の果まで―沖縄学徒兵の記』文教図書、１９７８年、68頁。

*23 第二次大戦時沖縄朝鮮人強制連行虐殺真相調査団『第二次大戦時沖縄朝鮮人強制連行虐殺真相調査団報告書』沖縄日朝連帯委員会、１９７２年、７頁。

*24 沖本富貴子編著『沖縄戦に動員された朝鮮人―軍人・軍属を中心にして』アジェンダ・プロジェクト、２０２０年、21頁。

*25 NARA RG407 Box2946, 10th Army, G-2, Intelligence Monograph, Ryukyus Campaign (Okinawa, 1945), PartI Section B, p.15. 第32軍戦闘作戦命令第１１３号。

*26 真栄平房敬「近代の首里城」、首里城復元期成会編『歴史と復元　甦る首里城』首里城復元期成会、１９９３年、３１３頁。

*27 NARA RG407 Box2955 WWII Operation Reports, p.1.

*28 NARA RG338 Box56 Hokama Ganken Interrogation Report.

*29 「軍人であふれた城下町」、那覇市企画部市史編集室編『沖縄の慟哭―市民の戦時・戦後体験記１　戦時篇』(『那覇市史　資料篇』第３巻の７）那覇市企画部市史編集室、１９８１年、５５１頁。

第２章

*1 Battleship NC, "Battle of Okinawa", Action Report. １９４５年３月24日。https://battleshipnc.com/battle-of-okinawa/

*2 NARA RG407 Box2946, 10th Army, G-2, Intelligence Monograph, Ryukyus Campaign (Okinawa, 1945), PartII Section D, p.6.

*3 詳しくは、保坂廣志『沖縄戦下の日米インテリジェンス』紫峰出版、２０１３年、１０３―１７２頁を参照。

*4 Dale E. Floyd, Cave Warfare on Okinawa, *Army History*, U.S. Army Center of Military History, Spring/Summer 1995, No.34, p.6.

*5 沖縄県立図書館史料編集室編『沖縄県史　資料編１　民事ハンドブック　沖縄戦１　和訳編』沖縄県教育委員会、１９９５年、１３４頁。

*6 名護市史編さん委員会編『名護市史　本編３　名護・やんばるの沖縄戦　資料編３』名護市役所、２０１９年、30頁。

*7 『東京大空襲・戦災誌』編集委員会編『東京大空襲・戦災誌　第３巻　軍・政府（日米）公式記録集』東京空襲を記録する会、１９７３年、９３２頁。

*8 同右、針生一郎の解説、９２５頁。

*9 NARA RG407 Box5352 WWII Operation Records XXIV Translations of Captured Documents 高橋上等兵日記、１９４５年２月28日。

*10 米議会図書館、音声録音記録、沖縄　1632926-2-1 Aboard Ship Prior to D-D.

*11 仲吉、前掲、41―42頁。

*12 詳しくは、保坂廣志『沖縄戦捕虜の証言』下、紫峰出版、２０１５年、４４２―４４５頁を参照。

*13 NARA RG407 Box5338 Entry427 24th G-2 Journal Interrogation Report, 2 April, 1945.

*14 NARA RG407 Box2441 Entry427 WWII Operation Records 10th Army Okinawa Diary by Lt. Col. John Stevens and M/SGT. James M. Burns (Vol.1), 3 April.

*15 NARA RG38 Box28 Records of the Office of the Chief of

Naval Operations WWII War Diaries, 3 April.

＊16　10th Army Okinawa Diary by Lt. Col. John Stevens and M/SGT. James M. Burns, op. cit., 8 April.

＊17　Ibid., 15 April.

＊18　Ibid., 17 April.

＊19　William Wolf, *Death Rattlers: Marine Squadron VMF-323 Over Okinawa*, Schiffer Military, 1999, p.133.

＊20　冨里誠輝『赤い蘇鉄と死と壕と―沖縄戦避難日記』秋田書店サンデー新書、１９６３年、１００頁。

＊21　大田昌秀『写真記録 これが沖縄戦だ』改訂版、琉球新報社、１９９７年、１１６頁。

＊22　Courtney A. Short, *Uniquely Okinawan: Determining Identity During the U.S. Wartime Occupation*, Fordham University Press, 2020, pp.16-17.

＊23　NARA RG407 Box8429 Entry427 WWII Operation Reports 1944-48 27th Infantry Division.

＊24　10th Army Okinawa Diary by Lt. Col. John Stevens and M/SGT. James M. Burns, op. cit., 28 April.

＊25　Ibid., 29 April.

＊26　Ibid., 1 May.

＊27　NARA RG338 Box449 Interrogation Report No.54, 6 May, 1945, pp.11-12.

＊28　下郡剛「戦時下における首里城と円覚寺の喪失」『沖縄工業高等専門学校紀要』第15号、２０２１年３月、35頁。

＊29　島袋文雄証言、琉球新報社社会部編著『沖縄戦75年 戦禍を生き延びてきた人々』高文研、２０２０年、２２９頁。

＊30　岩本兼一「県立二中最後の五年生　島尻敗走の記」、前掲『沖縄の慟哭』３１７頁。

＊31　A Wartime Diary by Tatsusei Yogi. Edited by Takashi yogi. http://members.cruzio.com/-yogi/diary.htm（２０２０年６月閲覧）

＊32　西野弘二『紅焔―沖縄軍参謀部付一少佐の手記』星雲社、１９９４年、75―76頁。

＊33　同右、58頁。

＊34　川平朝申「首里城―時の流れの下に」、首里城復元期成会・那覇出版社編集部編『写真集　首里城』那覇出版社、１９８７年、１９５頁参照。

＊35　「ニューヨーク・ヘラルド・トリビューン」１９４５年５月22日、沖縄県文化振興会編『沖縄県史　資料編３　米国新聞にみる沖縄戦報道　沖縄戦３　和訳編』沖縄県教育委員会、１９９７年、１６１頁。

＊36　NARA RG319 Box4 Entry64 10th Army Okinawa Diary by Lt. Col. John Stevens and M/SGT. James M. Burns,（Vol.2）, 18 May.

＊37　プロローグ註３参照。

＊38　10th Army Okinawa Diary by Lt. Col. John Stevens and M/SGT. James M. Burns, op. cit., 22 May.

＊39　Ibid.

＊40　Nicholas E. Sarantakes, *Seven Stars: The Okinawa Battle Diaries of Simon Bolivar Buckner, Jr., and Joseph Stilwell*, Texas A&M University Press, 2004, p.60.

＊41　10th Army Okinawa Diary by Lt. Col. John Stevens and M/SGT. James M. Burns, op. cit., 24 May.

＊42　八原、前掲、２６７頁。

＊43　同右、２９３頁。
＊44　沖縄県公文書館　MCJ00527　第1海兵師団情報参謀部定期報告。
＊45　NARA RG407 Box2955 Operation Reports, TAMA Operation Order #37.
＊46　西野、前掲、１００頁。
＊47　同右、93頁。
＊48　諸見守康「沖縄師範の鉄血勤皇隊」、前掲『沖縄の慟哭』３０５頁。
＊49　伊藤整『太平洋戦争日記』（三）、新潮社、１９８３年、３２１頁。
＊50　プロローグ註4参照。
＊51　同右。
＊52　キース・ウィーラー、谷地令子・水谷驍訳『ライフ第二次世界大戦史　日本本土への道』22巻、タイムライフブックス、１９７９年、１８６頁。
＊53　Roy E. Appleman et al., *Okinawa: The Last Battle*, Center of Military History, U.S. Army, 1948, p.389.
＊54　大橋正一『沖縄戦回想　悲涙の戦記―沖縄戦回想　第六十二師団通信隊』朝日カルチャーセンター、１９９０年、２１４―２１５頁。
＊55　10th Army Okinawa Diary by Lt. Col. John Stevens and M/SGT. James M. Burns, op. cit., 28 May.
＊56　『デイリー・ニューズ』１９４５年5月22日、前掲『沖縄県史　資料編3　米国新聞にみる沖縄戦報道　沖縄戦3　和訳編』１６２頁。
＊57　Joseph Lanciotti, *The Timid Marine: Surrender to Combat Fatigue*, iUniverse, 2005, pp.85-86.
＊58　Ibid., p.86.
＊59　10th Army Okinawa Diary by Lt. Col. John Stevens and M/SGT. James M. Burns, op. cit., 31 May.
＊60　Ibid., 15 June.

第3章

＊1　Truth about Shuri Castle flag raising, February 28, 2016, WWII Forums (http://ww2f.com/threads/truth-about-shuri-castle-flag-raising.56791)
＊2　同右。
＊3　10th Army Okinawa Diary by Lt. Col. John Stevens and M/SGT. James M. Burns, op. cit., 29 May.
＊4　*The New York Times*, 1 June, 1945.
＊5　NARA RG407 Box11561 77th Infantry Division POW Interrogation Report.
＊6　第3章註1参照。
＊7　同右。
＊8　10th Army Okinawa Diary by Lt. Col. John Stevens and M/SGT. James M. Burns, op. cit., 30 May.
＊9　NARA RG127 Box295 USMC Geographic Files Okinawa 参照。
＊10　NARA RG457 Box928 Description of Materials Captured on Okinawa, 5 July, 1945.
＊11　『ロチェスター・デモクラット・アンド・クロニクル』１９４５年5月31日、前掲『沖縄県史　資料編3　米国新聞にみる沖縄戦報道　沖縄戦3　和訳編』２０２頁。

＊12　NARA RG407 Box2946 10th Army, G-2, Intelligence Monograph, Ryukyus Campaign (Okinawa, 1945) PartII Section A Oroku Peninsula, p.4.
＊13　NARA RG457 Box855 Japanese Army Communication Problem Report#118 Prepared under the Direction of the Chief Signal Officer 28 June 1945 SPSIS-9.
＊14　NARA RG457 Box150 Historical Collection Shipments made possible by Captured of Materials at Okinawa (Shipments by Date).
＊15　陸軍参謀本部編『暗号教範』紫峰出版、２０１３年、６頁。
＊16　檜山良昭『暗号を盗んだ男たち―人物・日本陸軍暗号史』光人社ＮＦ文庫、１９９４年、２３５頁。
＊17　ライザ・マンディ、小野木明恵訳『コード・ガールズ―日独の暗号を解き明かした女性たち』みすず書房、２０２１年、２９９頁。
＊18　Gil Feinstein「首里城深く、宝を探る」*The Stars and Stripes* 太平洋・中部太平洋版、18 July, 1945.
＊19　Herb Paul, *The Minneapolis Morning Tribune*, 19 July, 1945.
＊20　Thomas M. Huber, *Japan's Battle of Okinawa, April-June 1945*, op. cit., pp.41-46.
＊21　Ibid., p.47.
＊22　スタンレー・ベネット、加藤恭子他編訳『戦場から送り続けた手紙』ジャパン・タイムズ、１９９５年、１６１―１６２頁。
＊23　10th Army Okinawa Diary by Lt. Col. John Stevens and M/SGT. James M. Burns, op. cit., 2 June.
＊24　Ibid., 9 June.
＊25　Moss Letters, WWII Letter dated 11 June 1945. http://www.mossletters.com/11-june-1945/
＊26　Nicholas E. Sarantakes, *Seven Stars*, op. cit., p.90.
＊27　沖縄市史編集事務局編『仲宗根山戸日誌１』沖縄市史資料集２、沖縄市教育委員会・沖縄市立図書館、１９８８年、79頁。
＊28　ワトキンス文書刊行委員会編『沖縄戦後初期占領資料』第89巻、琉米歴史研究会・緑林堂書店、１９９４年、16頁。

第４章

＊１　池原徳英「沖縄戦・敵中突破―沖縄警察別動隊の記録」、『新沖縄文学』20号、沖縄タイムス社、１９７１年、１５９頁。
＊２　八原、前掲、１７７―１７８頁。
＊３　同右、１８１頁。
＊４　陸戦史研究普及会編『沖縄作戦』陸戦史集９、原書房、１９６８年、72頁。
＊５　西野、前掲、92頁。
＊６　同右、93頁。
＊７　沖縄タイムス社編著『鉄の暴風』朝日新聞社、１９５０年、89―90頁。
＊８　神直道「第三十二軍航空参謀　沖縄作戦の回想」、『丸別冊第13号　最後の戦闘（沖縄・硫黄島戦記）』１９８９年、42頁。
＊９　同右、43頁。
＊10　八原、前掲、２４０頁。
＊11　同右、２４４頁。
＊12　日本軍の戦死者数は、米軍参謀会議をメモした米軍ヒストリアンの日記を参照した。詳しい数字は、保坂廣志『沖縄戦下の日米インテリジェンス』紫峰出版、２０１３年、２５５―２５７頁参照。

＊13　八原、前掲、２５５頁。
＊14　同右、２５７頁。
＊15　NARA RG407 Box13973 Entry427 96th Infantry Divisions.
＊16　NARA RG407 Box1654 24th Corps G-2 Periodic Report (No.74) 25 May, 1945.
＊17　琉球新報社編集局編著『沖縄戦75年　戦火の記憶を追う』高文研、２０２０年、66頁。
＊18　濱川昌也『私の沖縄戦記―第三十二軍司令部秘話』那覇出版社、１９９０年、１２８頁。
＊19　岩崎命吉『思ひ出　沖縄の壊滅』未発表の手書き原稿、１９５６年、Ｂ－16頁。
＊20　同右、Ｂ－23―24頁。
＊21　同右、Ｂ－18頁。
＊22　宮平盛彦「亡き友の為に記す」、沖縄県立一中一条会編『友、一中一条会』沖縄県立一中一条会、１９８７年、２３７頁。
＊23　西野、前掲、93頁。
＊24　Intelligence Monograph Section D Chapter4, p.1 参照。
＊25　詳しくは、NARA RG38 Box2196 所載の日本軍無線通信傍受に沖縄部分が多数記載されている。
＊26　詳しくは、NARA RG457 Box871 日本陸軍無線諜報通信を参照。
＊27　第4章註24参照。
＊28　NARA RG407 Box2946 G-2 Intelligence Monograph PartIV Psychological Warfare and Morale, p.3.
＊29　沖縄県公文書館　WOR-13690　Part2, AAFPOA.
＊30　NARA RG407 Box11561 77th Infantry Division G-2 Periodic Reports, 6 June, 1945.
＊31　歩兵第八十九聯隊史編纂委員会編『破竹　歩兵第八十九聯隊史』歩兵第八十九聯隊史編纂委員会、１９７８年、３６９頁。
＊32　アメリカ軍第１海兵師団編纂『極秘 アメリカ第１海兵師団沖縄特別作戦報告書』榕樹書林、２００６年、29頁。
＊33　第4章註28参照。
＊34　NARA RG407 Box7031 7th Infantry Division, G-2 Reports.
＊35　野村正起『沖縄戦敗兵日記』太平出版社、１９７４年、52―53頁。
＊36　仲宗根政善『石に刻む』沖縄タイムス社、１９８３年、１７９―１８０頁。
＊37　内閣府沖縄振興局沖縄戦関係資料閲覧室「神日誌其二　第三十二軍参謀陸軍中佐神直道」１６１―１６３頁（整理番号Ｂ０３－５－３３６）。
＊38　同右、１６９頁。
＊39　「神中佐帰還談」、「大阪朝日新聞」１９４５年7月29日。
＊40　神直道『沖縄かくて潰滅す』原書房、１９６７年、２３８頁。
＊41　「第89回帝国議会　貴族院　衆議院議員選挙法中改正法律案特別委員会第２号　昭和20年12月13日」https://teikokugikai-i.ndl.go.jp/
＊42　森脇弘二『沖縄脱出記』自家出版（松浦ひろ子）、２００５年、２６２頁。
＊43　Intelligence Monograph Part IV Psychological Warfare, p.4.
＊44　同右。
＊45　八原、前掲、４２６頁。
＊46　NARA RG165 Entry79 P File Box609 Records of the War Department General and Special Staffs Counter Intelligence Bulletin, no date, p.16.

＊47　Thomas M. Huber, *Japan's Battle of Okinawa, April-June 1945*, Leavenworth Papers Number 18, Combat Studies Institute 1990, p.47.

＊48　「平和をたずねて：沖縄戦の少年通信士」、「毎日新聞（大阪朝刊）」２０１２年８月21日。

＊49　前掲『沖縄県史　資料編３　米国新聞にみる沖縄戦報道　沖縄戦３　和訳編』２０５頁。

＊50　新垣安栄「摩文仁への撤退」、大田昌秀編著『沖縄鉄血勤皇隊—人生の蕾のまま戦場に散った学徒兵』高文研、２０１７年、１８０頁。

＊51　沖縄戦に動員された朝鮮出身者の尋問調書は、保坂、前掲『沖縄戦捕虜の証言』下、第７章を参照。

＊52　「戦禍を掘る」取材班「沖縄県立水産学校　22人の水産通信隊　たった一人の生還」、「琉球新報」１９８４年12月13日。Hatena Blog「Battle of Okinawa」(https://battle-of-okinawa.hatenablog.com/entry/2019/07/30/132437)

＊53　大田昌秀『沖縄のこころ—沖縄戦と私』岩波新書、１９７２年、98頁。

＊54　高江洲良吉「奇蹟の生還」、千早隊手記出版編集委員会編『沖縄師範学校学徒の実録』那覇出版社、１９９８年、１９３頁。

＊55　代表的な米軍捕虜の記録は、大田、前掲『沖縄のこころ』１２３—１３６頁に詳しい。

＊56　NARA RG338　Box56　Records of the U.S. Army Commands Headquarters, 10th Army Declassification Review Project.（本資料はReviewであり、取扱注意指定されている）

＊57　NARA RG407 Box2955 Interrogation POW Report, 7 April- 10 August, 1945.

＊58　NARA RG407 Box13973 96th Infantry Division G-2 Reports.

＊59　NARA RG319 Box4 Entry64 Okinawa Diary by Lt. Col. John Stevens and M/SGT. James M. Burns, op. cit., 7 June.

＊60　NARA RG127 Box44 Subject File Prisoners of the Battle of Okinawa Enclosure A.

＊61　NARA RG127 Box44 Subject File Prisoners of the Battle of Okinawa Enclosure B.

＊62　E・B・スレッジ、外間正四郎訳『泥と炎の沖縄戦—あるマリン兵の回想』琉球新報社、１９９１年、２３２—２３５頁。

＊63　渡久山、前掲『南の巌の果まで』91—92頁参照。

第5章

＊1　内閣情報局「週報」１９４５年７月11日号、４５０・４５１合併号、６頁。

＊2　NARA RG554 Box61 Entry147 GHQ, FEC, Military History Section "Source File" 所載の八原博通氏の１９５０年ＧＨＱ宛資料、頁なし。

＊3　Thomas M. Huber, *Japan's Battle of Okinawa, April-June 1945*, op. cit., pp.41-46.

＊4　軍事史学会編『機密戦争日誌』下、錦正社、１９９８年、７１４頁。

＊5　同右、７２２頁。

＊6　吉田裕『日本軍兵士—アジア・太平洋戦争の現実』中公新書、２０１７年、24頁。

＊7　「米獣の血啜らん　見よ吸血ポンプの威力」、「沖縄新報」１９４５年１月27日。

＊8　細川護貞『情報天皇に達せず　細川日記』下、磯部書房、１

９５３年、３２７―３２８頁。
＊9　「沖縄新報」１９４５年2月15日。
＊10　内海愛子他編『ある日本兵の二つの戦場―近藤一の終わらない戦争』社会評論社、２００５年、１２３頁。
＊11　「沖縄新報」１９４５年4月29日。
＊12　仲本政基「新聞人の沖縄戦記」、『那覇市史　資料篇』第2巻中の６、那覇市役所、１９７４年、３０１頁。
＊13　「沖縄新報」１９４５年4月29日。
＊14　NARA RG127 Box250 Marine Corps Geographic Area File, pp.1-2.
＊15　NARA RG407 Box2945 Special G-2 Operations Reports, 10th Army, p.15.
＊16　臼井総理『本土の守りかた―復刻・昭和20年「国土決戦教令」』版元ひとり、２０１６年参照。
＊17　NARA RG407 Box2954 G-2 Weekly Summary No.1 CICA translation No.46, p.3.
＊18　竹前栄治・尾崎毅訳『米国陸海軍軍政／民事マニュアル』みすず書房、１９９８年、72―73頁。
＊19　沖縄県公文書館　WOR10515 0000135130 Military Government Detachment C-1 Camp Koza, 26 April 1945.
＊20　沖縄県教育庁文化財課史料編集班編『沖縄県史　資料編23　沖縄戦日本軍史料　沖縄戦６』沖縄県教育委員会、２０１２年、８４４頁。

ＵＲＬの最終閲覧日：２０２４年４月24日
（第２章＊31を除く）

日本軍第32軍地下司令部関連年表

	1944（昭和19）年
3.9	陸軍大学校教官八原博通大佐、新設予定の第32軍の参謀要員に任ぜられる。
3.22	大本営直轄の第32軍（沖縄守備軍）が新設される。 東条英樹参謀総長、特別声明を出す。
3.27	第32軍司令部、福岡にて編成を完了する。司令部要員は、約340人。
3.29	第32軍司令官渡辺正夫中将ら、沖縄に赴任する。 司令部は、真和志村松川の蚕種試験場に設けられた。
5.5	第32軍、大本営直轄を離れ、西部軍に編入される。
7.1	大本営陸軍部、参謀本部付き長勇少将を沖縄に派遣する。
7.8	沖縄に派遣された長勇少将、第32軍参謀長に任ぜられ、前任者の北川少将は、台湾軍参謀副長に任ぜられる。
7.11	第32軍、西部軍を離れ、台湾軍に編入される。
8.10	第32軍司令官に、牛島満中将が着任する。
9.16	第32軍、航空作戦準備強化を打ち出し、飛行場建設に専念する。
9.22	台湾軍、第10方面軍と改称される。
10.10	那覇市を中心に米艦載機の大空襲を受ける。 大空襲に関連し、沖縄人スパイ説が流布される。
11.26	第32軍、第9師団の抽出に伴う新作戦計画を下達する。
12.3	第32軍、軍司令部を首里に移転する。
	1945（昭和20）年
1.6	米第10軍司令部、作戦指令第7号を出し、文化的価値のある遺産や記念物の保護と保存を軍政府に指示する。
1.10	第32軍司令部以下中枢部、首里の沖縄師範学校校舎に移転する。
3.23	米軍、南西諸島を空襲、第32軍司令部、首里城地下の第32軍司令部壕に入る。
3.24	米軍観測機、首里城への艦砲射撃を中止するよう戦艦ノースカロライナに連絡する。
3.26	米軍、座間味島、阿嘉島、慶留間島に上陸する。
3.27	米軍、渡嘉敷島に上陸する。
4.1	米軍、沖縄本島中部西海岸に上陸する。
4.4	第32軍司令官、早朝に攻勢案の実施を決定するが、夜半にこれを中止する。
4.7	第32軍司令部、予定していた8日からの攻勢案を再度延期する。

4.7	戦艦大和を含む日本海上救援部隊、壊滅する。
4.18	米海兵隊航空隊「ガラガラ蛇」軍団、首里城に焼夷弾攻撃を行なう。
4.23	日本軍、ルーズベルト大統領の死亡に関わる宣伝ビラを戦闘地区で配布する。
4.24	第32軍、首里周囲の民間人に南部への移動を命じる。空いた民間人壕を軍が使う。
4.28	4.28から4.29にかけ米軍首里を攻撃し、首里城が陥ちる。
4.29	天皇誕生日攻勢デマが兵士の間を飛び交う。
5.4	第32軍、全戦線にて総攻撃を行なう。
5.5	第32軍総攻撃が失敗、攻撃を中止する。
5.17－18	戦艦コロラド、首里城一帯に艦砲射撃する。
5.22	第32軍司令官、首里を放棄し南部喜屋武半島へ後退を決心する。
5.25－27	戦艦ミシシッピが、首里城の城壁を艦砲射撃で破壊する。
5.27	第32軍司令部、首里から摩文仁に撤退を開始する。 日本軍の暗号書、暗号用計算書等を大量に炊事場に放置する。
5.29	第1海兵隊の一部、首里城高台を占拠、南軍旗を揚げる。 首里城北西端廃墟の中で、4人の女性が保護される。2人は、英語が話せる。
5.31	第32軍司令部所在地の首里が、完全に米軍に陥ちる。
6.2	米第10軍ヒストリアン3人、首里城調査を行なう。
6.13	大田少将以下の沖縄方面海軍根拠地隊、小禄地区で全滅する。
6.15	沖縄を脱出した神直道参謀が、大本営に到着する。
6.18	米第10軍司令官、バックナー中将戦死する。
6.21	第32軍暗号班長の大野少佐、牛島司令官に本土宛感謝電の送信完了を伝える。
6.22	牛島司令官、長参謀長、自決する（6月23日説もある）。
6.25	大本営、沖縄戦終了の発表を行なう。 八原高級参謀、民間人に紛れて逃亡、後に米軍に保護される。
7.2	米軍、沖縄作戦の終了を宣言する。
7.9	コザ民間人キャンプ地からサルベージ（廃品回収）のため作業員が首里に派遣される。
7.12	米軍政府、首里地区の文化財等の調査を行なう。
9.7	越来村森根（嘉手納飛行場内）で、降伏調印式を行なう。

日米両軍の編成

沖縄防衛の日本軍主要部隊の編成

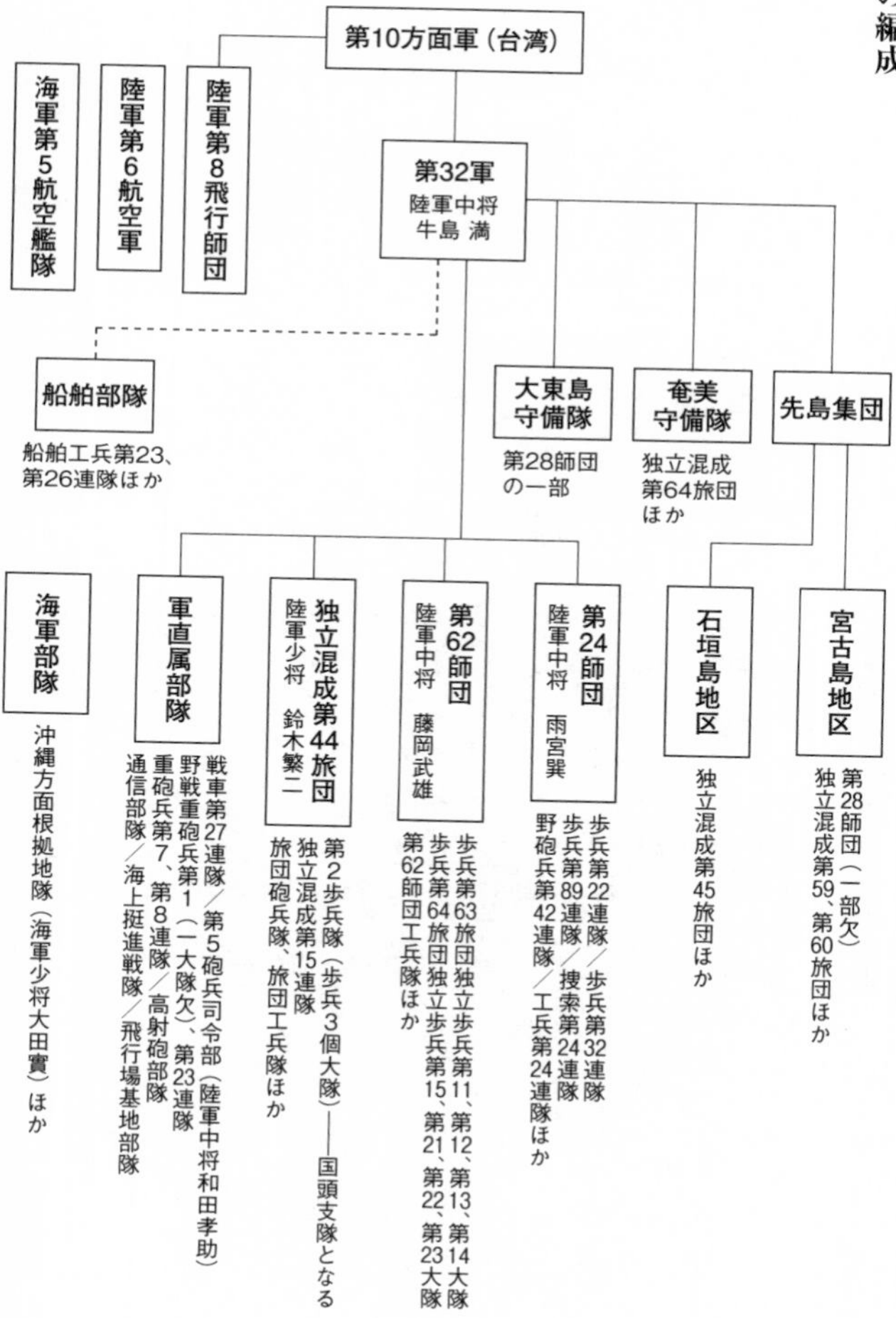

第10方面軍（台湾）
陸軍第8飛行師団
陸軍第6航空軍
海軍第5航空艦隊
第32軍
陸軍中将
牛島 満
船舶部隊
船舶工兵第23、第26連隊ほか
大東島守備隊
第28師団の一部
奄美守備隊
独立混成第64旅団ほか
先島集団
海軍部隊
沖縄方面根拠地隊（海軍少将大田實）ほか
軍直属部隊
戦車第27連隊／第5砲兵司令部（陸軍中将和田孝助）
野戦重砲兵第1（一大隊欠）、第23連隊
重砲兵第7、第8連隊／高射砲部隊
通信部隊／海上挺進戦隊／飛行場基地部隊
独立混成第44旅団
陸軍少将 鈴木繁二
第2歩兵隊（歩兵3個大隊）——国頭支隊となる
独立混成第15連隊
旅団砲兵隊、旅団工兵隊ほか
第62師団
陸軍中将 藤岡武雄
歩兵第63旅団独立歩兵第11、第12、第13、第14大隊
歩兵第64旅団独立歩兵第15、第21、第22、第23大隊
第62師団工兵隊ほか
第24師団
陸軍中将 雨宮巽
歩兵第22連隊／歩兵第32連隊
歩兵第89連隊／捜索第24連隊
野砲兵第42連隊／工兵第24連隊ほか
石垣島地区
独立混成第45旅団ほか
宮古島地区
第28師団（一部欠）
独立混成第59、第60旅団ほか

沖縄作戦アメリカ軍中部太平洋機動部隊の編成

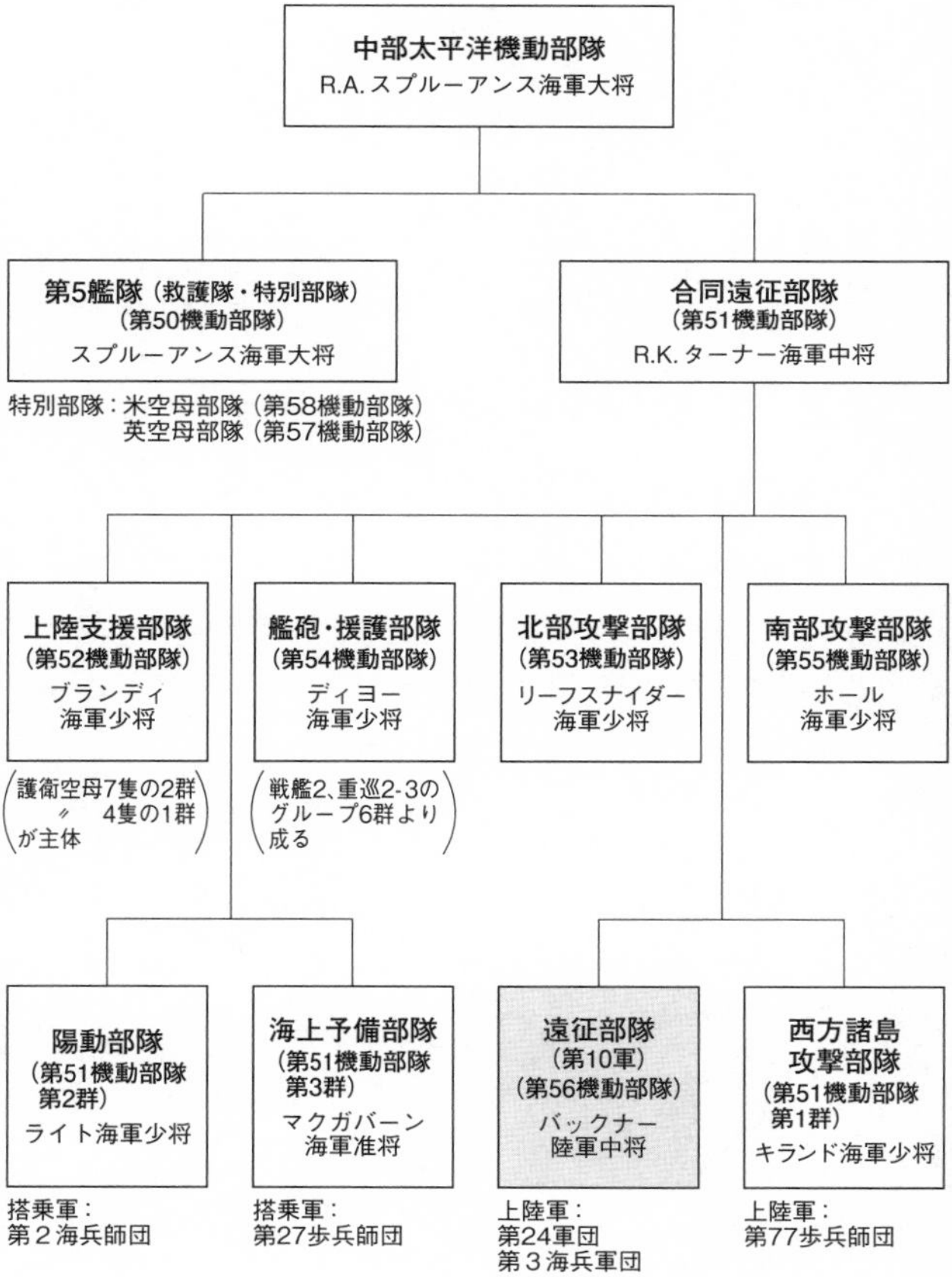

大田昌秀『総史沖縄戦』岩波書店、1982年、221頁及び仲本和彦「沖縄戦研究の新たな視座：米軍作戦報告書に読み解く知念半島の戦闘」『沖縄県公文書館研究紀要』第20号、2018年3月、6頁をもとに作成

扉デザイン・作図／ＭＯＴＨＥＲ